逃げても、逃げても シェイクスピア

A Journey to Shakespeare

翻訳家・松岡和子の仕事

草生亜紀子

新潮社

逃げても、逃げてもシェイクスピア　翻訳家・松岡和子の仕事●目次

逃げても、逃げてもシェイクスピア　翻訳家・松岡和子の仕事

プロローグ

「いちばん大きな喜びの瞬間は、自分が訳した言葉を俳優さんがしゃべってくれるとき。演出家の手が入って俳優さんが動いてくれるとき。それはもう、こんなに幸せな仕事はない。一人で書斎にこもって苦心していたのが報われる瞬間です」

翻訳家・松岡和子は戯曲を翻訳する喜びを語った直後に、こう続けた。

「運命を呪うことがあるんです。なんでこんなめんどくさいことに足を突っ込んじゃったんだろうって。翻訳はちゃんとできて当たり前なんです。ダメな翻訳は、とってもダメ。だけど、いいからといって『べつに〜』なのよ。よくできていても、それは『当たり前』でしかない」

冗談めかしてさらりと口にした愚痴だった。だが、ウィリアム・シェイクスピアの全戯曲三十七作品を翻訳するという偉業がもたらした大きな喜びの裏にある、人知れぬ孤独な呻吟を想像させるに十分な言葉だった。

和子が愚痴をこぼした相手は、俳優の河内《こうち》大和《やまと》。大ヒットドラマ「VIVANT」でバルカ共和国の「ワニズ外相」を演じて圧倒的な存在感を示した河内を対談のゲストに招いての講演会でのことだった。河内はこの作品がテレビドラマ初出演だったが、舞台では二十年以上シェイクスピア作品に取り組み、『リチャード三世』をはじめとする数々の作品に主演し、自らの演劇集団で演出もしている。そんな河内のことを、和子は何年も前から注目していた。俳優としても、自分が翻訳した劇世界を「見事に実現してくれる役者」として全幅の信頼を置いてきた。

八十一年の人生の大半をシェイクスピア劇とともに歩んできた和子にとって、シェイクスピアの虜になり、シェイクスピアにこだわって上演を重ねる河内は、頼もしい同志のような存在だ。

この日、河内は自分で思いついた「シェイクスピア道《どう》」という言葉について語っていた。大学生の時に『夏の夜の夢』で初舞台を踏んで以来、シェイクスピアに魅了され、一筋に歩んできた「シェイクスピアの道」は、武士道にも通じる「道」なのではないか。自分が歩いてきたのは、まさしくシェイクスピアの道であり、これからもその先に続く道はある。天にも地にも道はある。そういうさまざまな道が交錯して今の自分がある。そんな思いを込めて、自らの日々の実践を「シェイクスピア道」と名付けた。極めることなどできないけれど、極めたい。自らを律しながら、シェイクスピアと格闘し続けるためにも「道」という表現がふさわしいのではないかと考えた、と。

身を乗り出して河内の言葉を聞いていた和子は言った。

「すごい言葉を作りましたね。この言葉を聞いて私も目がパチッ！となった。（河内さんに）ピッタリだなーと思った。私もちょっと脇をついて歩きたい」

和子は、素晴らしい人や素晴らしいものに出会ったとき、心からの称賛を惜しまない
「讃美する者」だ。誰に対しても偉そうにしたり、冷ややかな態度をとったりすることはない。この日もはるかに年下の河内を敬意に満ちた眼差しで見つめ続けた。

「今日ここに来た人（と、オンラインで見ている人）全員を河内さんのファンにする」

和子はそう考えて対談に臨んでいた。この日ばかりでなく、誰とでも常にそういう姿勢で対談に向かう。そのためには常に自分が相手のいちばんのファンでなければならない。


シェイクスピア全作品完訳を終えても和子の仕事は終わらない。シェイクスピア作品が松岡訳で上演されるたびに翻訳を見直し、アップデートし、常に「最善のもの」を残しておこうとする努力を続ける。呼ばれれば講演会や勉強会に参加する。

月一回の朝日カルチャーセンター横浜教室の講座では、「トリビアから読むシェイクスピア」を謳い文句に、一回で一作品を語るという無謀とも言える試みをしている。一方、やはり月一回のＮＨＫカルチャーでは、『ハムレット』『リチャード二世』『リチャ

ード三世』などを読んできた。まず毎回一定の行数をみんなで順繰りに音読して（「黙読は知識になり、音読は経験になる」というのが和子の信条）一文一文を味わい、それを解説して読み解いていくもので、「いつ終わるかわからない」と予告してスタートした連続講座だ。

スケジュールにほとんど空きはない。「いつになったらゆっくり休めるのだろう」とため息をつくこともあるが、それもこれも、すべては「シェイクスピアのため」。

そう思うようになったのは、ある大先輩の言葉がきっかけだった。その人は、英文学者で上智大学教授だった安西徹雄。シェイクスピア研究の大家で演劇集団「円」の演出家・翻訳家としても活動した。安西は「円」で俳優・金田明夫を中心とするグループが安西訳ではなく松岡訳で『リチャード三世』や『マクベス』を上演するのを認め、自著の文庫化では解説文を和子に依頼し、安西が主宰する国際シェイクスピア学会のパネルディスカッションに参加させてもくれた。不思議に思って、あるとき聞いてみた。「どうして応援してくださるのですか」。すると、返ってきた答えが、「大事なのはシェイクスピア、誰の翻訳かは二の次です」。以来、和子にとって、この言葉が仕事をする上での支えであり、軸になっている。

和子が歩んできた「シェイクスピアの道」を振り返ると、戦時中この世に生を享け、母に手を引かれて満州から命からがら引き揚げて、ソ連に抑留された父の不在を経て、懸命に学び、運命の糸に操られるようにシェイクスピアの戯曲に出会った人生がある。そこには、結婚、出産、仕事と育児の両立、姑との確執とそれに続く介護といった「女のフルコース」を歩みながら、大好きな芝居とシェイクスピアを手放さなかった、たおやかで逞しい足跡が残っている。

日本人として三人目、日本女性としては初めて、シェイクスピアの戯曲三十七作を二十八年の歳月をかけて完全翻訳した和子の歩んだ道は、決して平坦なものではなかった。だが苦悩を外に見せることなく、あらゆる難題に立ち向かいながらも、軽やかに、スキップするように進んできた。

これは、朗らかさの奥にとてつもなく強靱な精神を持つ女性の「覚悟の物語」である。と同時に、戦中・戦後を生き抜いてきた家族の物語でもある。

まずは、和子の人生に大きな影響を与えた父と母の物語から始めたい。

満州で撮影された家族写真。右から前野茂、淳一郎、和子、薫、幸子

茂が帰国して撮影された家族写真。左から前野茂、和子、幸子、薫、毅

第一章

父と母

The worst returns to laughter.

——最悪のどん底から帰るところは笑いしかない　『リア王』

昭和二十八年四月八日（水）

〈私と妹が学校から帰って来ると、突然おばちゃんが「和子ちゃんたちのお父さん、元気よ」といいました。私ははじめウソかと思いました。けれど本当だとわかると、うれしくて、うれしくて、たまりませんでした。英語がすんで、おとなのごはんのとき、おいわいにお酒を飲みました。私たちは紅梅キャラメルを食べました。〉

「児童日記」と表紙に書かれた一冊のノートがある。一九五三年、十歳の和子の日記だ。紅梅キャラメルはオマケに読売巨人軍の選手カードがついたキャラメルで、大手メーカーのキャラメルが一箱二十円の時代に十円で販売されていた。割安で子供に大人気のキャラメルが、和子と妹、弟の慎ましいお祝いだった。

生死さえわからなかった父から手紙が届き、無事が知らされたこの春の日、終戦から八年、薄日がさすように前野家（和子の旧姓）の空気は少し温かくなった。母・幸子《こうこ》は後にこう書いている。

〈我が家は母子家庭ではなくなりました。たとえすぐに帰れるという望みはなくても、夫が生きているということは、我が家をこれまでかつてない陽気な雰囲気の中に包みました。〉

和子の父、前野茂は東京帝国大学（現・東京大学）法学部を卒業後、東京地方裁判所で判事をしていた。戦時中、日本が占領した中国北東部に「建国」した満州国の司法部次長、ついで文教部次長に任ぜられたため、和子は満州で生まれ、進学のため内地に戻っていた長男・淳一郎を除いて、敗戦時、一家は満州にいた。次長とは名目上トップの中国人の下につく日本人である。つまり、事実上の長官であったために、茂は戦争責任の一端を問われる立場となった。

戦後、茂が記した『生ける屍　ソ連獄窓十一年の記録』（春秋社　全三巻　一九六一年刊行。のちに『ソ連獄窓十一年』と改題して講談社学術文庫より再刊行）という本がある。幸子が苦心して持ち帰った茂の日記と驚くべき記憶力によって、終戦直後の混乱と十一年に及んだソ連での抑留生活が克明に記されたこの記録を元に、まずは連行されるまでの茂の動きをたどってみる。

一九四五年八月九日午前二時五十分、「あなた、空襲よ！」という妻の声で起こされる。満州の首都新京（現在の吉林省長春市）が空襲を受けた。この時点で茂はすでに新京に十年暮らしている。娘たちに防空頭巾を被せて妻と退避の準備をする。関東軍は一足早く遁走して重火器は他の地へ移されており、満州の防衛は裸同然の状態になっていた。前日、ソ連が日本に宣戦布告していた。

八月十日夜、混乱の中、満州の首都を新京から通化に移すことが決められ、茂は身重の妻と娘二人を連れて移動。その後、長官代行として皇帝溥儀の元へと向かう。

八月十五日、到着した通化で、日本が無条件降伏したことを知る。長官の補佐役（各部次長代表）として皇帝の退位、満州国解体のプロセスを中枢で見守った。

八月二十二日、ソ連軍の命令によって、満州全土で日本語ラジオが放送停止となる。日本語の新聞の発行はとっくに止まっており、内外のニュースを知る方法はなくなってしまった。

八月二十四日、ソ連軍が通化に進入。

八月三十一日、通化に残っていた日本軍は武装解除されて吉林へと移動させられる。これによって通化に残留していた日本人は誰にも守ってもらえない、完全に無防備な状態となる。九月に入ると日本人を標的とした襲撃が増えた。

九月半ば、通化国民党ができると同時に八路軍（後の中国人民解放軍）の車も市内を走り回るようになる。

九月二十八日、八路軍が通化を掌握。

十一月二日、ソ連軍が通化から引き揚げる。それまで、満州に残る日本人の団体引き揚げをソ連軍と交渉していたために、交渉相手を失って日本に帰る望みが断たれた。

そして十一月二十八日、茂は八路軍に連行されてしまう。所持金の一部を奪われ、わずかな所持品である布団と毛布数枚、トランク二個、リュック二個の大半も没収された。残されたのは、娘たちのわずかな持ち物と十日後に生まれるはずの赤ん坊の衣類やおむつのようなものだけだった。その時のことを茂はこう書いている。

〈「お父さんどこへ行くの。」

私が玄関で靴をはいていると背後にならんで坐っていた幼い長女と次女がこう尋ねた。はっと胸を突かれる思いだった。

「お役所だよ、いい児だから待っていらっしゃいね。」

頭をなでながら、そう答え、さて大きな夜具を背負って玄関を出ようとすると、二人口を揃え、きわめて朗らかに、

「行ってらっしゃあい。」

とさけんだ。思わず振り返ると、私の目は子供のうしろに立ち、悲しそうにこちらを見つめている妻の視線とぶつかった。〉

翌日、毛皮の外套も剝ぎ取られ、トラックで移送される時、家族のいる家が見えた。

〈「では妻よ、子よ、さようなら！　どうか皆、無事で祖国に帰ってくれ！　隣組の皆さん、さようなら！」（中略）

「在通二万の日本人諸君！　皆、無事で日本に帰ってください！」〉

朗らかに見送ったのが、三歳の和子と二歳の妹・薫である。この日の別れから実に八年もの間、茂の居場所どころか生死さえも、家族が知ることはなかった。

茂が連行されたあと、前野家に残されたのは妻・幸子、和子と薫の姉妹、そして夫が連れて行かれてから十日後、厳寒の満州で十二月に生まれた次男・毅《つよし》だった。

最終的に十一年に及んだ茂の抑留生活は過酷を極めたが、幼な子二人と新生児を連れた幸子の引き揚げも苛烈なものだった。日頃ほとんど弱音を吐くことのなかった幸子が、後述する「手記」で引き揚げの旅についてこう書いている。

〈「あぶない！　何をぼけぼけしているんだ！　背中の赤坊が死んでしまうが！」ハッと気がつくと道路人夫のふりあげた鶴嘴《つるはし》の真下に居りました。（中略）

昭和二十一年九月上旬、幾度となく身の危険にさらされた不穏な丸一年余の長い抑留生活に終止符を打つ日が来ました。待ちに待った然し非常に苦しい日本への引揚の旅が始まりました。（中略）

引揚道中のある検問所では、子供の持ちものや毅にとっては母乳の次に大切なおむつ類まで取りあげられたりもしました。丸一昼夜無蓋貨車で運ばれる途中、大雨に遭い全身ずぶぬれになり、和子も薫も百日咳のような症状に加え雑穀だけの食事がつづきおなかもこわして居りました。長い間入浴もしていないのでシラミはわくし、着のみ着のまま、はだし同様のやぶれた地下足袋という風体で博多港に着きました。
昭和二十一年十月十一日、赤坊を背負い二人の幼児を両手にひっぱっての延延一ヶ月以上もかかった苦しい引揚の旅が終った日です。和子満四歳六ヶ月、薫満三歳、毅は生後十ヶ月。不覚にも鶴嘴の真下を歩いて、人夫に叱咤されたのはこの三日あとのことなのです。〉

敗戦の後、日本への帰還の目処が立たないまま中国で難民のような生活を送った挙句、一ヶ月以上の旅を経て祖国にたどり着くまでに、実に一年以上の歳月を要したのだった。末っ子の毅はミイラのように痩せこけて、「死んだ子を抱いているのかと思った」とまで言われた。

母子四人は茂の実家である岡山の造り酒屋に身を寄せた。この時、姉一家を訪ねた幸子の末の弟、野津龍雄はこう語る。「子供たちはいじけていましたね。元気がなかった。無理もないと思いましたよ。大変な思いをしたんだから。可哀想でしたよ」。

この苦しい引き揚げの旅の記憶は、和子にはほとんどない。朧げながら覚えている光景は、どこかで没収された日本人の荷物の山があって、そこに母が縫ってくれた自分のリュックサックを見つけた時のこと。「これ、和子の！」と言って山から抜き出して日本に持ち帰った。

記憶から消し去ることのできないもうひとつの光景は、大きな穴があって、裸の男性が次々とそこに放り込まれていく様子。何を見たのかは幼すぎてわからなかったが、のちに母にその話をすると、「(敗戦後、蜂起した日本人が中国軍に多数虐殺された）通化事件で遺体を埋める場面を目にしたのではないか」と言われ、恐ろしいものを目撃していたことを初めて自覚した。

また、屋根のない汽車で移動した時、母と違う車両に乗せられて、妹と二人で大泣きし、まわりの大人に「着いたら会えるから大丈夫よ」と慰められたこともあった。もしも列車がどこかで切り離されたりしていたら、姉妹は中国残留孤児になっていたかもしれなかった。

そんな旅を経て、母子は日本に帰り着いた。

引き揚げ後の暮らし

一九四七（昭和二十二）年三月、茂の最初の結婚でできた長男・淳一郎が東大を受験するのを機に幸子は岡山から東京に戻る。幼い毅だけを連れ、和子と薫は岡山に残した。

まずは東中野の実家を頼り、翌月からは吉祥寺の成蹊学園の中にある旧弓道場に暮らす妹夫婦の厚意を得て同居させてもらった。だが、学校の試験期間中は赤ん坊の泣き声が学生の邪魔になってはいけないと気を遣い、友人宅に泊めてもらうなど肩身の狭い思いをした。幸子は当時をこう振り返っている。

〈母親である私の精神不安が影響したのか、それとも他に原因があったのか毅は昼夜をとわず泣いてばかり、いつもおぶって居りました〉

前野一家は東京・阿佐ヶ谷に家を持っていたが、満州にいる間、他人に貸していた。この家をすぐには明け渡してもらえなかったことと、引き揚げ直後にいったん岡山県児島町に転入したために東京都内への転入許可が下りず、毅を背負っては吉祥寺から杉並区役所に何度も足を運んで「都内転入請願書」を提出せざるを得なかった。やがて淳一郎が岡山に残された和子と薫を迎えに行き、自宅の一部を明け渡してもらって「流浪の生活にピリオドをうつ」ことができたのは終戦から二年半も後のことだった。

淳一郎が岡山に迎えに来てくれた時のことを和子は覚えている。マッチ箱のような容器に入ったアイスクリームを買ってもらった記憶と共に。

住処が定まると幸子はすぐさま仕事を始めた。東京女子大学英文科を卒業して英語教員の免許を持っていたことが幸いし、英語を教える仕事を始め、それは次々に増えていった。当初、夫は生きていない前提で子供たちを一人で育てていかなければならないと考えた幸子は、成女学園での授業に加えて、学校以外でのグループレッスンや家庭教師を掛け持ちして夜遅くまで必死に働いた。英語力を磨くために、夜毎、ラジオの英会話番組を聴いていた母の背中を、和子は寝床から眺めた。

〈夫の元の役所関係や親切な学校時代の友人達から、つぎつぎに働く場所を紹介していただき、貧しい能力を量でおぎないました。当時の東京は街灯も少くいつも懐中電灯を持っての行動でした。〉（幸子手記より）

明治生まれの母・幸子

幸子は一九〇九（明治四十二）年、海軍中佐だった野津幹一と初との間にできた七人きょうだいの長子として東京に生まれた。初は、彦根藩井伊家家臣の娘で、桜田門そばの千代田区永田町で文字通り「お姫様」のように育てられ、女子学院で学んだ。家族が女子の教育はそれで十分と考えたためにそれ以上の進学はさせてもらえなかったが、本人はもっと勉強を続けたいと望んだ。

七人きょうだいの末っ子の野津龍雄によると、一番上の姉である「幸子姉さん」は、「しっかり者で、母も頼りにするような存在。きょうだいの中でも別格の存在だった」。

華やかで可愛らしい幸子は歌がうまく、いろいろな場所に出かけては得意の歌を披露していた。だが、そんなある日、悲劇に見舞われた。

小学生の頃、別の小学校に歌を披露しに行った。付き添いの先生と一緒に講堂に向かって廊下を歩いていると、突然、老朽化した校舎の高窓のガラスがはずれて、ドーンと落ちてきた。幸子の額は四～五センチ、ざっくり切れてしまった。仕立ておろしの白地に紫陽花の着物が血だらけになった。傷は額を斜めに走り、三日月のような痕を残した。時は大正。額に傷のある女の子は「嫁のもらい手がない」と、いとも簡単に決めつけられてしまう時代だった。初と祖母の哥《うた》は、「もうこの子は嫁に行けないから、学問をさせて職業婦人にしよう」と決めた。

幸子は初の母校でもある女子学院を卒業したあと、東京女子大学に進学する。額の傷がなければ、母の初と同じように高校卒業後は花嫁修業に勤しんだのかもしれないが、幸子にその選択肢は与えられなかった。

女子の進学率が極めて低い時代、大学に行こうと思う明治生まれの女子学生たちは向学心に燃えていた。そんな中で幸子は明らかに浮いていた。自分の意志で進学した周りの女子とは違い、「学問をするしかない」と親に決めつけられて進んだ大学だ。大して意気は揚がらなかった。両親ときょうだいが仕事で上海にいたために寮に入ったのだが、そこに上海みやげの麻雀セットを持ち込んだ。寮の歴史始まって以来のことだった。このため、学長の安井てつから直筆の手紙が届けられた。「自分が遊ぶのはいいけれど、お友達を遊ばせるのはいけません」と。友達のお兄さんが寮にバラの花束を届けたことも学内で話題になった。

とはいえ、勉強しなかったわけではもちろんない。当時の女子学院の授業は全教科すべて英語で行われていたし、大学では教員免許も取った。

大学を出た幸子は日本水道という会社で働いた。当時「BG（ビジネスガール）」と呼ばれた女性事務員で、街を歩くと（BGの別名でもある）「ショップガールだ」と指さされたこともある。自宅通勤で生活費はかからない。「生活のために仕事をしているわけではない」ので、お給料は全額好きに使うことができた。オストリッチのブーツをあつらえるなど、「素晴らしく自由だった。大正時代の暮らしは夢のように素敵だった」と語っていた。

幸子の自称は「ドレ族」。「ミーハー（音階のミファ）以下だからドレ族」。映画が大好きで、マレーネ・ディートリヒ主演の「モロッコ」に至っては十回くらい観に行くほど好きだった。俳優ではクラーク・ゲーブルが大好きだった。前野茂と見合いをした時、「ちょっとゲーブルに似ている」と思ったのが、結婚を決めるひとつのきっかけになった。

三十歳を過ぎてのお見合いは思いがけない出来事だった。妹の睦子に縁談が持ち込まれた時、睦子は「幸子姉さんが結婚するまで、自分はお嫁に行かない」と宣言した。親は、幸子は嫁に行かないものと決め込んでいただけに、睦子の発言に驚いた。「そういえば、幸子がいた！」と、あわてて見合い相手を探し始めた。

家柄も器量もよく賢い幸子だが、額の傷のために当時の言葉で「行き遅れ」ており、結婚の条件は決して良くなかった。前野茂は帝大出のエリート判事とはいえ、先妻を亡くしており、淳一郎という息子がいた。しかも結婚したらすぐに満州に行かなければならない。

茂は一時帰国し、淳一郎を伴ってお見合いの席に臨んだ。前に書いた通り、「クラーク・ゲーブルに似ている」と思った幸子は、茂に好印象を抱いた。淳一郎もとてもいい子だと思った。茂も聡明な幸子を気に入った。

かくして思いがけず結婚することになった幸子はすぐに満州に渡る。待っていたのはお手伝いの女性からの嫌がらせだった。大学を卒業して働き、稼ぎを好きに使って遊んでいたお嬢さんの最大の弱点は家事である。料理が不得手なこともあり、女中から意地悪をされたという。満州駐在の日本人の奥様方から嫌味を言われることもあった。ただ、どんな目に遭ったかの詳細を子供たちに語ることはなかった。

頼みの茂はといえば……当初は決して望ましい夫ではなかった。和子は幸子に聞いたこんな話を覚えている。二階から「こうこー」と呼ぶ声がする。上がってみると、「そこの灰皿を取ってくれ」とのたまう。「自分で取ればいいでしょう」と言うと、「この手はお国のために使う手だから、余計なことには使わない」と応えた。茂に悪気はなかった。ただ、夫婦とはそういうものだと本気で思っていた。

茂が帰国するまでの苦労について幸子は多くを語らなかったが、和子は一時期、母が

「牛乳屋」をしていたことをぼんやり覚えている。どこでどう牛乳を仕入れていたのか、誰に売りさばいていたのかはわからないけれど、東京女子大関係のクリスチャンたち、あるいは英語を教えていたＹＷＣＡの関係者が手を貸してくれたのではないか。牧場で使うような大きな重たい金属の牛乳缶（ガロン缶）を二本くらい運んでいた。個人宅というよりも、商店に卸していたのではないかという。牛乳が余ると、幸子はチーズを作ってくれた。戦後まもなく、チーズがまだ一般的でない時代に、和子が生まれて初めて口にしたチーズは母の手作りだった。ガーゼを重ねて軒に吊るして作るもので、当時そんな名前は知らなかったけれど、今にして思えばカッテージチーズだった。

英語を教える仕事を掛け持ちし、家の一部を学生に下宿として貸し、幸子はできる限りのことをして家族の生活を支えた。困窮する人々に配布された「ケア物資」の世話にもなった。国際人道援助団体ケア・インターナショナルが配る支援物資には、インスタントコーヒーのような異国の食品が入っていた。

生活に余裕があったはずはない。だが、和子も薫も「貧しい」と意識することはなかった。まして卑屈になることもなければ、母子家庭だからと引け目を感じることもなかった。

友達の家にはお父さんがいる。自分の家にはいない。友達の家には七段飾りのお雛様があって、とても美しいと思う。自分の家にあるのは内裏雛一人きりの「立ち雛」。でもよその家を羨ましいとは思わない。家にないものを欲しいとも思わなかったと和子は言う。

それは「惨めだと思わせなかった幸子さんが偉かった」からだと和子は感じている。

父親が不在でも、たとえ物が潤沢になくても、前野家にはいつもおもしろいことがあった。母の友人が自宅にカナダ人のコンスタンス・チャペル先生を招いて開いてくれた英語教室。親しみをこめて「チャペさん」と呼ばれた先生は時折、自宅である東京女子大の教師館でパーティを開いてくれた。母とお芝居を観に行ったり、映画を観に行くこともあった。当時珍しかったチーズもそうだが、前野家には節目節目に「ちょっと珍しくて、うれしい体験」があった。

夜遅く帰宅する幸子に代わって子供たちの面倒を見てくれたのは、満州時代に父の秘書をしていた安士《やすし》キミという女性だった。「情の深い人ながら自分自身にと同様他人にもきびしく、まがったことは大嫌い、誰にむかっても言うべきだと思うことはズバズバ言う人」だった。まじめで責任感が強かったのだろうが、託された子供たちをきちんと育てなければ、という意識から、好き嫌いしないこと、食事を残さないこと、早寝早起きなど、かなり口うるさく指導された。和子は笑いながら言う。「一生懸命私たちを育ててくれました。やり過ぎなくらい監督されました」。「感謝でございます」という安士の口ぐせは、今も和子の口をついて出る。

その分、幸子の仕事が休みの日曜日は、安士が子守から解放されるため、安士にとっても子供たちにとっても貴重な息抜きの時間となっていた。母娘で出かけたこともあった。宝塚歌劇団の公演にも連れて行ってもらった。八千草薫が出演した『ジャワの踊り子』は忘れられない。クリスマスにはウィーン少年合唱団のコンサートに行ったこともある。その帰りに銀座の不二家レストランで「グリルウインナーソーセージ」を食べた。

犬に噛まれる

父が帰国する前の記憶で、和子の脳裏から離れない出来事がある。

小学四年か五年生の時、近所の友達の大きなお屋敷に遊びに行った。夕方帰ろうとしたところ、柴犬か何か、その家の犬に口元をガブッと噛まれてしまった。母は勤めに出ている時間帯で家にはいない。誰がどうやって病院に連れて行ってくれたのかは覚えていない。病院に到着して、傷口を覆うガーゼをそっと開いてみたら、口元が柘榴のようにぱっくり開いていた。その時、和子の口をついた言葉は、「お母さん、ごめんなさい」だった。

母が一生懸命に自分たちの生活を支えてくれていることは痛いほどわかっている。子供が怪我をしたらどんなに辛がるだろう。和子はそう思った。自分の痛みよりも何よりも、真っ先に声にしたのが、「お母さん、ごめんなさい」という言葉だった。怪我をしたことが母に申し訳ないと咄嗟に思ったのだ。母は病院に駆けつけてくれ、入院することもなくその日のうちに和子は家に戻った。

その夜、犬を飼っていた友人の両親が菓子折りを持って謝りに来た。和子は友達に会おうと、顔にガーゼを当てた姿のまま玄関に出ていった。

今だったら顔に傷をつけて菓子折りひとつでは済まないだろう。治療費の話など出たのかどうか和子は知る由もなかったが、相手が帰ったあとで母がひどく憤慨していた。「女だと思って馬鹿にして」。玄関に出てきた和子にも怒りをぶつけた。「こんな時にノコノコ出てくるものじゃありません!」。

あの頃、女一人で子育てをしている家だからと馬鹿にされないように、母は気を張って生きていたと和子は思う。辛い思いをすることも多く、ギリギリまで頑張って、張り詰めて生きていたのだろう。でも嘆いたり愚痴をこぼしたりすることはほとんどなかった。歯を食いしばって生計を立てながら、子供たちが卑屈になることのないよう、楽しい体験を用意してくれた。そのおかげで、顔に傷があることを意識することなく、和子は屈託なく成長していった。

ソ連獄窓十一年

母子が東京でこんな暮らしをしている間、父・前野茂は出口の見えない長く暗いトンネルの中にいた。

娘たちに「行ってらっしゃい」と見送られ、家族と離れ離れになってから、他の六人の日本人と共に、茂は中国・安東（現在の遼寧省丹東市）の留置場に入れられる。そして一九四五年の暮れ、ソ連軍に引き渡された。

拘束され、通訳の立ち会いもおぼつかない状態でソ連軍の取り調べを受ける間、日本が占領した中国から罪に問われるならともかく、なぜソ連に拘束されなければならないのか納得がいかない茂は「自分はどうなるのか」と聞いた。

すると取り調べに当たったソ連軍中佐は、「あなたがたはシベリアに行くのだ」と言う。「シベリアでどうしようというのです?」と聞くと、「ドイツ人と一緒に働くのだ」と答える。「それは不公平だ。ドイツ人はソ連に戦争を強要し、貴地深く侵入して大きな災害を及ぼしている。いわばあなたがたに対する加害者だ。しかし日本人はあなたがたから戦争をしかけられ、戦わずして手をあげているではないか。いわば日本人はあなたがたの被害者である。それを同じように寒いシベリアで働かすとは酷ではないか」。

茂の偽らざる思いだったが、その言い分が聞き入れられることはなかった。

年が明けて一九四六年一月、茂を含む捕虜は列車で平壌へ運ばれる。

〈起立して列車の後方に顔を向けた。そこには列車の窓を通して十年間私をはぐくんでくれたなつかしい、また、いとしい満州の山々が、雪におおわれて立っている。今、別れればおそらく二度とこの山々を見ることはないであろう。永遠のこれがお別れである。「さらば、満州の土地よ、山々よ。そして今、その土地にあって苦難の道を歩んでいる妻子よ。日本人諸君よ。元気で、一日も早く祖国に帰ってくれるように。」〉(『ソ連獄窓十一年』より・以下同)

ソ連管理下の平壌監獄を経て、翌二月、飛行機で沿海州に運ばれる。

〈飛行機は一路真北に針路をとっているようである。朝鮮半島の脊梁山脈を越えたと思ったら、右方に海が見えだした。日本海である。あの海の向うになつかしい祖国があるのだ。ここで舵を東に向ければ、数時間でわれわれは日本に達することができる。〉

そんな感慨をよそに空路で運ばれたのは、ウォロシーロフ野戦監獄だった。ここで茂はソ連軍の綱紀の乱れや囚人に対する扱い、ソ連にもある貧富の差や目に入る範囲でのソ連人女性の暮らしぶりなどを仔細に観察している。

その後、日本の陸軍少佐がソ連兵に銃殺されたのと同じ箱車に乗せられ、自らも銃殺される恐怖に駆られながら、西へ十キロのノボニコリスクへ移送される。ここは監獄の中にベッドがあり、硬く冷たい床に雑魚寝していたそれまでの待遇と比べると「天国」のような収容所に感じた。

ある時、茂は、取り調べの中で、日本人捕虜に同情し、心を寄せてくれた蒙古人通訳からの情報を得る。「今、南満（注・南満州）の日本人はある港を経て、どしどし日本に引き揚げております。あなたの家族もかならず無事帰還されることでしょう」。この時の気持ちをこう記している。

〈これこそ私の一番知りたいことだった。ここまできた以上、生きて再び祖国の土を踏めないことは私も覚悟している。幾度か死線を越えて来た身であれば、生命が惜しいとは思わぬが、ただ気にかかるのは家族の安否であった。（中略）明けても暮れても心を離れない思いというのは、正直にいって家族の安否なのだった。通訳の言葉だけでは、家族が生きているという事実を確かめるよすがとはならないにしても、彼らに祖国帰還の道が開かれたということは、この際、何より嬉しい情報であった。私は心の底からこの通訳に感謝した。〉

だが、その直後、未決小監獄へ入れられてしまう。陰惨な場所だった。

〈私はいま地獄の門をくぐったのだ。〉

ここで初めて茂は、自分に対する公訴事実を知らされた。通訳が言うには、「満州国官吏特に司法部刑事司長・次長時代、幾多の中国人圧迫法律を立案し、公布し、施行した。監獄運営の任にあたり中国人民主主義者を収監し、さらに彼らへの刑罰を重く、重くと指導した」容疑だという。身に覚えがないばかりか、そもそもなぜこの容疑でソ連に裁かれなければならないのかもわからない。「それはソ連の刑法の何に反するのか?」

と問えば、「日本資本主義を援助した行為を処罰する」のだという。

反論し、抗議すると、ソ連の調査官はこう宣言した。

「われわれは絶対に貴方を日本に帰さない」

茂はソ連当局のむき出しの偽らない根性を知らされた思いがした。ソ連の本意がわかったことで、不思議な感慨にとらわれる。

〈運命に関する最悪の宣告を聞きながら、私の心はにわかに軽く、むしろ爽快な感をさえ覚えるのであった。引導を渡された迷える亡者の魂はこんなものか、と思われた。狭い箱車に押し込まれて監獄へ帰る道すがら、そのまっくらな箱の中で、私は高等学校のころの寮歌を歌いつづけていた。〉


一九四七年五月、囚人列車に詰め込まれ、ウォロシーロフからモスクワまで一万キロの旅。十九日間、途中で休憩することもなく、ぶっ通しの囚人列車の旅だった。

六月五日、レホルトブスカヤ監獄(政治犯未決監獄)で最初の朝を迎える。

〈話し相手も、読む本もなく、ものを書く筆紙も与えられない。憂いをまぎらす簡単な手慰みの道具すら備えてない。眺めるべき風景はもちろん、一木一草、心に潤いを与える自然の姿は何一つなく、わずかに三十センチ四方の高窓から覗く空と、そこに去来する雲を見ては、さらに自由へのあこがれに胸痛む思いを募らせるだけだ。それに、天井と四壁とは白黒二色！　陰惨落莫のなかに、完全に外界との連絡を断ち切られ、懐しい祖国の状況は皆目知らされず、愛する家族の生死すら不明である。そして目覚めている間は空腹感にさいなまれ通しである。

眠っている間だけが救いであった。しかし昼間は居眠りすることも許されない。夜が待ち遠しかった。ただ眠ること！　それだけが楽しみであり、救いであった。しかし、ここでは夜の眠りさえも自由ではなかった。覗き穴から覗いたとき囚人の頭が毛布に隠れたりして見えなかったら大変である。番兵は容赦なく小窓を開けて囚人を呼び起こす。それでも目覚めないときは鍵で扉を叩いて大音響を発し、囚人の夢を破るのである。〉

こんな暮らしの中でも、茂は懸命に精神のバランスを保とうとした。

〈手をこまぬいて腰掛けていると、種々雑多な妄念が頭に浮かぶ。そのうちでも常に頭にこびりついて離れないのは、家族と祖国の運命であった。朝から晩まで、いや寝ても覚めても、こうした懸念は私の心から去ることがなかった。すべてが運命なのだ、とあきらめて追いはらおうとしても、いつか、また頭の中はこうした思いで満たされているのであった。どんなことがあっても、動揺しない人間になりたいと、少しは修養もし、修練もしてきたつもりでいたが、このとき、私ははっきりと自分が凡庸中の凡庸な人間にしか過ぎず、平凡な夫であり、親であることを知らされ、そして、今さらのように人間の煩悩の深さを思わずにはいられなかった。

どうせ凡庸な人間であるからには、聖人・賢者ぶって、煩悩を追い払い、人間らしい悩みから解脱しようなどとは考えないで、むしろ、懐かしい妻子との思い出の中にひたり、その思い出の一つ一つを、かみしめたり、また、彼らが無事帰還していることを信じ、その生活のための闘争を鼓舞激励し、明るく健全な明日のための生活を計画してやろう。人間に魂というものがあるならば、必ずこの激しい親としての、また夫としての思いは、彼らに通じることだろうし、通じないにしても、このやり切れない退屈と飢餓を忘れさせ、陰惨な独房からしばらくの間、精神だけでも解放させてくれるにちがいない。〉

囚人としての生活が長引くにつれ、心身ともに衰えていくことは避けられなかった。茂を支えたのは敵愾心だった。

〈後から考えてみても、この時期に死ななかったのが、不思議にさえ思われる。肉体と精神の衰弱から倒れようとする私を支えてくれたのは、強烈な敵愾心ただ一つであったといっても過言であるまい。

苦痛と屈辱に満ちた虜囚の生活のうちで、自決を考えたことは、一再でなかった。しかし、この状態で死ぬことは、全く意味ないばかりでなく、卑怯なことだ、と考えなおすのであった。捕われた瞬間、私は死所を失っているのだ。死所を失った以上は、生甲斐がなくても生きてゆかねばならない。相手がこのように私を苦しめ、私に対して侮辱を加えているということは、暗々裏に、私の死ぬことを期待しているからではなかろうか。

そうだとすれば、死ぬことは、むざむざ相手の思う壺にはまることではないか。よし！　それならば、どんなことがあっても死なない、生きる！　生き抜いてみせる。どんなにしても生きよう。人生まさに生々流転、諸行無常だ。この暗黒が永久につづくものでもあるまい。生きていれば、なにかのめぐり合わせで、光を存分に浴びることもできよう。生きることは勝つことだ。負けてなるものか。この惨めな境涯で、私に力をつけ、私を救い支えてくれたものは、ただこうした敵愾心だけであった。〉

いわれなき懲役二十五年

「負けてなるものか」と力を振り絞って生命を保った茂だが、まともな裁判などないまま、「判決」が下される。下士官に呼び出されて大きな部屋に連れていかれると、醜悪な顔つきの巨大漢の前に座らされた。

〈奇妙な手真似で、私に意志を伝えようとした。

彼はまず、私の鼻の先に両手を突き出し、二つの掌を開き、全部の指をいっぱいに伸ばして、大きく一回振って見せた。それが終わると、少し間をおいてふたたび同じように両手を振って見せ、次に左手を下ろし、右手五本の指をいっぱいに伸ばした掌だけを、一回振って見せ、それからやおら右手の人差指と中指をのばして、左手の人差指と中指をのばした上に重ねた。つまり「格子」の形をつくって見せたのだ。そして、

「わかったか。」

と、もう一度聞いた。（中略）これは私に対して禁固二十五年の刑を宣告しているわけなのだな、と思った。〉

あまりに乱暴で、非道極まる暴虐に、言いようもない憤懣で胸が煮えくり返るばかりだった。同時にあまりに重い刑が、通訳もなしに身振りで伝えられるという予想外の出来事に、茂は〈呆然としてしまい、悪戯でもされているようで、事態を厳粛に受け取ることさえできなかった。要するに、驚愕と憤激の渦のなかで、呆然としていたというのが偽わらぬその瞬間の私の心情だった〉と書いている。

監獄禁錮二十五年という「判決」が下され、次はシベリア送りだろうと覚悟して、また囚人列車に乗せられたところ、モスクワを出てから五、六時間で囚人列車を降ろされ、ウラジミール政治犯監獄へ入れられる。禁錮二十五年といえば、「死ぬまでという意味にほかならない」と茂は受け止めた。その思いで監獄の入り口に立った時、〈ここは生きながら坐らされている人間の墓場とでも名づくべきものである。今、私たちはその「生きている人間の墓場」の門に着いた〉と覚悟した。

ただ、房に入ると思いがけず、二人の日本人に会うことができた。茂の喜びは大きく、

また非常な心強さを覚えた。収容されていたのは、ロシア人やソ連国内のあらゆる民族と、おびただしい国籍の外国人で、文字通り国際監獄の観を呈していた。茂が確かめることのできた外国人だけでも日本人、中国人、朝鮮人、ポーランド人、フィンランド人、ルーマニア人、ハンガリー人、オーストリア人、ギリシャ人、トルコ人、イギリス人、アメリカ人、フランス人という賑やかさであった。そしてやってくる「退屈との戦い」。厳しい寒さ。結果的に丸々六年間をこの監獄で過ごさざるを得なかった茂だが、一年の半分以上を占める冬の間、起きているときも床に入っているときも一刻として「暖かい」という感じを覚えたことはなかったと書いている。寒さに加えて食糧不足もあって体調を崩し、両足の膝から下が腫れ出し、獄に繋がれてから一年と経たないうちに心臓衰弱のため入院しなければならなくなった。

驚異のロシア語習得

そうした暮らしのなか、茂はロシア語を習得することを決意した。完全に外界から隔絶された中で生き抜いていくには、どうしてもロシア語に通じなければならないと考えたのだ。獄内には新聞や、英仏独の外国語の辞書や学習書を備えた文庫があるため、ロシア語さえできれば読むものは手に入る。頑張って一年以内に読めるようになることを決意した。このとき四十九歳と六ヶ月。教科書の最初のページから、そこに出てくる単語をひとつひとつ覚えていくという方法をとった。その勉強方法が凄まじい。
〈毎日朝夕一枚ずつもらう便所紙で字の書けるような白紙が手にはいったときは大切に保存しておき、ペンが遊んでいるようなときを狙って大急ぎで必要な文字とその訳を書きとめた。一ヵ月もすると、こうしていっぱいにロシヤ語の単語とその日本訳を書き込んだ紙が十数枚になったので、黒パンを練って作った糊で張り合わせ、単語帳に仕上げた。そして常時肌身離さず、暇さえあればこれを開いて単語を覚えようと努力した。ところが、それをオビスク（注・所持品検査）で無残にも没収されてしまった。私としては言葉ではいい尽くせぬ苦労の末、やっと作りあげた、大げさにいえば命につぐ大切なものなので、必死になって抗議し、また同房のロシヤ人も同情して私に代わって陳弁してくれたが、その帳面を作った紙が便所用であるという、ただそれだけの理由で、抗議も陳弁も嘆願もすべて拒否された。（中略）
自分の食う主食のパンを提供してロシヤ人からノートを買ってもらう方法を知り、数冊のノートを入手し、アルファベット順に単語を書き入れ手製の露和辞典を作り始めたのは入獄後一年半ばかり経ってからのことであった。一念というのはおそろしいもので、一九五二年夏ロシヤ人囚人と切り離された監房に入れられるまでに、この手製の辞書には一万三千余の言葉が記入されていた。そして予定通り学習を始めて一年後には、曲がりなりにも新聞の国際欄の簡単な記事が読めるようになった。その嬉しさは譬えようも

なく、これに力を得てその後ますます学習に努力し、ほとんど暇さえあれば、本にかじりついていた。〉

極限状態の監獄暮らしをしながらも、一年余りの独学でロシア語の記事が読めるようになるとは、とても並の人間にできる業ではないが、茂は鋼《はがね》の意志でやってのけた。

だが、極寒のソ連の監獄暮らしは確実に茂の心身を蝕んだ。

〈長い冬が過ぎて短い春が去り、やがて驟雨の多い夏が来て散歩場に水溜りができた。一年ぶりでその水鏡を覗いた私はこれが自分の顔かと疑わずにはいられなかった。私が見たのは禿げあがった頭に残る僅かな頭髪も真っ白で、頬には、もじゃもじゃと白い髯がのびている、皮膚のたるんだ、憂欝そうな老人――それがじっとこっちを見ているではないか。〉

茂は「苦悩の生き地獄」にいた。

一九四八年、朝鮮半島の北に朝鮮民主主義人民共和国、南に大韓民国が樹立される。翌一九四九年、国民党は台湾に逃れ、北京に中華人民共和国が樹立される。茂が獄に繋がれている間に世界は大きく動いていた。

一九四九年四月下旬、また足に腫れが出て、入院命令がくだる。

一九五〇年六月二十五日の新聞で南北両朝鮮の軍事的衝突が報じられる。八月、米軍の反転攻勢とともに新聞の閲読が一時禁止となった。

一九五一年六月、胃のあたりに激痛を覚え、七転八倒の苦しみに陥る。医師の診察の結果、盲腸炎と診断され、手術のため入院する。女優に似ているため「グレタ・ガルボ」と密かにあだ名をつけた女医が執刀した。

一九五二年八月、女囚ゾーナ（区域）監房に、日本人とドイツ人が集められた。前年、日米講和条約が成立したことは新聞を読んで知っていた。曲がりなりにも日本は独立したわけで、「これは解放されて送還してもらえる予兆ではないか」と希望の光を見る。

ある日、便所紙として受け取った九センチ×六センチくらいの大きさの新聞の切れ端に、「日本人代議士のコーラ・トミ（注・高良とみ）がモスクワを訪問し、帰国後、ソ連政府が抑留中の日本人を送還すると約束したかのように語っているが、ソ連政府がそういうことを言明した事実はない」という国営タス通信の発表を見つけた。「ある事実をタスが否定すれば、その事実は存在し、肯定すれば存在しない。タスの発表はすべて反対に解し、逆に受け取れば間違いない」というのが、抑留者たちの常識だったので、このタスの否定的発表は嬉しい知らせに他ならなかった。

許された家族への手紙

一九五二年九月三日。月一回の家族との通信が許されることになった。さらに、「あなたがたに対し、家族から毎月一個の小包と月三百ルーブル以内の金を送ることが許可された」と告げられる。この日の心情はこう描かれる。

〈私はもう行方不明ではない！　行方不明！　思えば七年間という長い間、私はどんなにこの観念に苦しめられてきたことだろう。生きながら外界と遮断され、行方不明のうちに犬のように死んでゆかねばならぬことを考えては、死に切れぬ口惜しさに腸《はらわた》もよじれるのであった。

　だがもう、その恐ろしい観念ともおさらばなのだ。こうなればむざむざ犬のようには殺されぬぞ。生きていてよかった。

「ざまあ見ろ！　スターリン！」〉

　茂はさっそく家族への手紙の下書きを始めた。書きたいことは山ほどあった。妻の労をねぎらい、子供たちへの思いを記すだけでも、あっという間に二、三百字を超えてしまう。だが、与えられた紙はハガキ程度の大きさしかない。削りに削ったが、文字はびっしりと小さな紙を埋めた。

　ところが、日本からの返事はないまま、一九五三年の元旦を迎え、やがて二月に入った。それでも待ち焦がれた返事はこない。二月初めのある夜、夕食が終わってかなり経った時分に呼び出されると、「モスクワから、文字が小さくて手紙が訳せないと注意が来た」と知らされた。みっちりと書き込んだ最初の手紙は握りつぶされていたのだ。そこで、生きていることを一刻も早く知らせようと、その後に書いたハガキはわずか二十字という電報のようなものとなった。最初に家族からの返事を受け取るまでは、同じような簡単なハガキを書き続けた。あとからわかったのは、和子が冒頭の日記に書いた茂から岡山の実家に届いた手紙は二通目だったこと。これはなぜか小さな文字でも日本に届いていたから、ソ連の検閲基準はよくわからない。

一九五三年三月初頭、ソ連の絶対権力者だったヨシフ・スターリンが死亡したことを聞かされた。

脳出血で倒れる

六月中旬、「荷物を持って出るように」と言われて別の房に移動すると、そこには日本人が七、八人もいた。日本人を集結させるということは、帰還《ダモイ》の可能性があるのではないかと推測して、ありったけの食べ物や嗜好品を積み上げて獄中饗宴が始まった。ところが前野と前田の人違いだと判明して、元の房に戻されてしまう。

翌朝、獄を出ようとしている日本人たちの声が聞こえてきた。一度、帰還かもしれないと希望を抱いただけに失望も大きかった。起床の時間になって立とうとすると、膝の関節がふらふらして力が入らない。真っ直ぐに歩けない。そしてついに三日目の朝、左足が動かなくなった。左の腕も重く感じられる。脳出血の疑いで入院となった。

「入院」とはいえ、治療らしい治療が受けられるわけでもなく、個室に一人放置されるだけだ。トイレも不自由な体を引きずって自力で行わざるを得ない。

〈自分の血統には絶対にないと信じていた中風が私自身に起きたことに対する驚愕と狼狽！　しかも時にことかいて、敵国の監獄に幽閉中発生したという、不幸な運命に対するやり場のない怨嗟の情！　そして絶望的な行く末！　ほんとうにこれからさきどうしたらよいのだ。どうして生きて行くべきか?!　こんな病気になって入院させられたからには、おそらく一般監房に帰されることはないだろう。この後どれだけ生きていられるかわからないが、生きている限りはこの狭い、陰気な病監房の高い寝台の上に、半身不随の身体を横たえていなければならぬ。しかも助けてくれる人もなく、ひとりぼっちで！　なんというみじめな、なさけない運命だろう！

静かに仰臥し、そんなことを考えながら、窓枠をじっと見つめていると、いつの間にかそれはぼうっと霞んで見えなくなってしまった。溢れ出る涙で、私の顔は水で洗ったようになっていたが、ぬぐう気も起こらず、子供のように号泣したいのを抑えつけ、やっと嗚咽にとどめるのが、精いっぱいであった。〉

昼食の配給時、やはり一人でスープを取りに行かねばならず、寝台によじ登って食べようとしたところ、どうしたはずみか不自由な左側の肩から倒れて熱いスープの中に突っ込み、食器ごと寝台から床の上に転げ落ちた。助け起こされて衣類を替えてもらったものの、左の肩は火傷で火ぶくれになった。その夜、便意を催し、便桶に腰掛けたが、またも左肩からつんのめって、起き上がることもできず汚物にまみれることになってしまう。

〈ああ！　なんという惨めなざまだ！　いくら病気のせいとはいえ、こんな恥辱がまたとあろうか。私は一生懸命起き上がろうと試みたが、どうしても起き上がれず、あせればあせるほどいたずらに汚物の上を這い回るだけであった。

このときほど私は生涯で、屈辱と恥辱を感じたことはなかった。あまりの惨めさに、ほとほと生きるのがいやになった。

捕えられてからこのかた、「断じて生き抜く」というのが私の抑留生活信条だったが、ここにいたって全く精も根もつき果てた。生きていることが、しんからいやになった。死ねるものなら床に頭を叩きつけてでも死にたいと思った。〉

待ちに待った日――「さあ！　手紙だよ」

こんな悲惨な目に遭って、それでも生き抜いていくのは並外れた生命力と強靱な精神を必要とすると思われるが、茂はそれを持っていた。その後、医師の励ましや「ニャーニャー（注・世話をしてくれる女性）」の世話を受け、

〈ようやく左の手足が動きだし、壁を伝って、歩く稽古をはじめたころのことだった。

七月十四日、昼食後の快い眠りを貪っていると、金属の触れ合うただならぬ騒音に夢を破られ、ふと見ると、開けられたドアーのところから、コルプスノエ（注・配膳夫）が小さい長方形の紙片を持ってはいって来た。私の寝台に近づくと、

「さあ！　手紙だよ。」

と言ってその紙片をさし出した。（中略）発信人の住所氏名の部分は、忘れもしない確かに妻の筆である。

「ああ、よかった！　妻は生きていてくれた！」

ハガキを見たときの最初の感慨はこうだった。（中略）気がかりなのは、子供らは果たして無事だろうか、満州にいた三人の幼児らの運命は？　そして、日本で学んでいた長男は？　私は裏面に書いてある本文を見るのがこわく、おそろしく思われ、なかなか裏をかえす気になれなかった。ついに勇を鼓し、断乎、裏をかえして本文を一気呵成に読み下した。そこには思いもかけなかったほどの幸福な知らせの数々が書かれている。こんどはゆっくり一字々々を確かめながら、食いいるようにして読みかえした。

全くそれは思いもかけぬ幸福なことばかりであった。第一に子供たちは全部元気に育っている。どうして、どこから学資を得たのか知らないが、長男は東大農学部を出て助手をしているというし、とても生きてはいまいと思った、満州で生き別れの当時三つと二つだった長女と次女は、小学校四年と三年だというではないか。そして何よりも嬉し

かったのは、私が通化で捕えられた後、生まれた子供が男の子で、無事成育し、現在小学校一年生であるということであった。そして妻は女学校の英語教師として働いているという。

「ああよかった！　なんと！　すばらしい知らせだ！」

そう思うと、もう私は夢中になって寝たままハガキを高くさしあげ、

「万歳！」

と叫ぶと同時に、

「ざまあ見ろ！　スターリン！」

と怒鳴っていた。

ついに私は勝ったのだ！　この瞬間、心からそう思った。〉

幸子の手記によると、茂からの最初の便りが届いたのは、一九五三（昭和二十八）年四月のことだった。冒頭の和子の日記が書かれたのが、この時のことだ。

岡山の長兄気付で、紫色のインクで書かれた往復ハガキがソ連から届いた。茂が細い文字で書いた一通目は届かなかったが、二通目が実家に届いたのだ。返信は専用の返信用ハガキに限られた。幸子は初めての返信で毅の誕生を知らせた（男の子が生まれたら毅と命名するよう言い残されていた）。しばらくして、それに対する返事が届いた。

最初ノ返事ヲ七月十四日、七月五日付ノ返事二通ヲ八月二十六日ニ、小包二個ヲ八月十日ニ受取ツタ。スベテ期待以上。大安心！。　大満足！。　特ニウレシイノハ、亡キモノト思ツテヰタ毅ガ無事デ他ノ子等ト共ニ立派ニ育ツテヰルコト。

一九五三年（昭和二十八年）九月二日　茂

しかし、こうやって通信ができるようになってから、茂の帰国まではさらに三年の歳月を要した。茂はといえば、家族の無事がわかって喜んだものの、自分が不自由な体で帰っては逆に家族に迷惑がかかるのではないかという気持ちにも苛まれた。複雑な思いを抱えながら、抑留生活は続いた。しかも、家族からの荷物や国際赤十字に依頼して送ってくれた差し入れが、「検査」と称して中身をぶちまけるソ連側の嫌がらせで、台無しにされることが続いた。

〈裂かれた包装の内からは化学製品の紙に似たもので出来た袋（それがポリエチレンと名付けられるものであることは帰還するまでわからなかった）にはいった粉砂糖だとか、日本独特の味と香りを持ついろいろな食物やバター、チーズの罐詰と挽茶や煎茶が出て来た。

苦しい家計の中からこれだけの小包を造るのはさぞ大変だったろうと思うだけで涙が

出る。出て来るものの一つ一つが皆私の好物で、最も栄養に良いものばかりなので、みただけで心づかいが痛いくらい感じられ、いとおしさ、懐かしさを通り越して、その品物自体が妻子の分身であるようにさえ思えてくるのであった。〉

十一月のある日、茂は散髪屋の兵隊から帰還が始まっているのではないかとの情報を得る。そして、日本赤十字社社長の島津忠承がモスクワを訪問し、ソ連赤新月社および赤十字社と抑留日本人の送還手続きについて話し合い、共同コミュニケが発表されたことも知った。十二月にはいって、共産党機関紙プラウダが配布されるようになり、日本人戦犯千二百数十名がナホトカ港から興安丸で日本に送還されたのを知った。

この年、二回目に届いた小包の中に家族の写真がはいっていた。八年ぶりにみる妻子の姿であった。

〈妻は淋しそうに私に向かってほほえみかけており、完全に大人になった長男は思慮深げな眼差しで、じっと私を見つめている。そして別れたころの面影を少しも残さぬ二人の少女が無邪気に笑っており、腕白そうな、全く見知らぬ児童が細い目で私を睨みつけていた。妻よ！　よくやってくれた。子供らよ！　よくぞ立派に育ってくれた。〉

だが、また酷寒が近づくにつれて、茂の健康状態は急速に悪化していく。一九五四年三月、再び入院を余儀なくされた。

退院して九月には、移動を命じられる。鉄製品の所持は許されず、四七年にウォロシーロフ監獄を出てモスクワに来るとき支給されたソ連軍用飯盒までもが没収された。〈紙で文字の記されてあるものはすべていけないとあって、入獄以来一生懸命勉強し、一万数千にのぼる単語を集めて作った露和辞典が目の前で引き裂かれたときには、かねて覚悟はしていたものの、なんともいえず痛ましかった。しかし文字を書いた紙片ではあるが、家族から来た手紙を保持することは許され、家族たちの写真が没収されなかったのは何よりのことであった。〉

茂を含む日本人四人、監獄は出されたものの、行き先はわからない。果たして日本への帰還《ダモイ》なのか、別の監獄、あるいは収容所《ラーゲル》への移動なのか。病んだ体を引きずりながら、またも先の見えない旅が始まった。

外に出ると、乗せられたのは囚人運搬用の箱自動車だった。ウラジミール駅で、今度は囚人列車に乗せられる。列車はゴーリキーへ。列車を降りて囚人自動車に追い込まれるときの描写に、茂の好奇心と逞しさがのぞく。

〈旅行好きな私は囚人の旅ながら、一目でもよいから、名にし負うロシヤの母――ボルガ河や古城の跡を見たいものと考え、入口扉の一番近くに座席を取った。〉

そして連れて行かれたところは、休憩所かと思いきや、本格的な監獄を備えた施設だった。そして四日目、再度、出発命令が下る。

〈この時受領した黒パンは二キログラム半くらいのものだからまず二日行程の旅であり、

その行程でシベリヤ本線に沿う都市といえばキーロフということになる。(中略)
二キロ半の黒パンは結構だが、副食物としてカムサと称する鰯の子に似た小魚の塩漬をバケツに一杯入れて出してあり、勝手に欲しいだけ持って行けといわれたのにはありがたいような、途方にくれたような気持だった。こんな水気の多い、塩たれた生臭いものをどうして持っていったらよいのだろう。いくらでもやるとはいうが、これを包んだり入れたりする物は何も与えてくれないし、私たちはそんな容器を持っていないのである。しかし持っていかないことには、まる二日を真水と黒パンだけで我慢しなければならない。しかたなく私たちは大切なシャツやズボンを引き裂き、その布きれでめいめい若干のカムサを包んで持参することにした。〉
予想通り、キーロフの休憩所に到着。ウラル工業地帯の中枢都市スウェルドロフスクを経てさらに数日の旅の後、西部シベリアの重工業の中心ノボシビリスクに到着して下車させられる。ここの休憩所で大勢の日本人と合流することができた。これはもうダモイに間違いなかろうと、気分が盛り上がって隠し芸大会をして楽しんだ。
次はさらに東のイルクーツクへ、と予測したが、イルクーツクでは下車することなく新たな食糧が支給された。そしてそのまま極東ハバロフスクの戦犯収容所へ。到着は一九五四年十月三日のことで、ここにいたるまで一ヶ月にわたるソ連横断の旅だった。この収容所で旧友に再会したが、互いのうらぶれ果てた姿に、すぐには見分けがつかなかった。また、元満州国外交部次長だった旧友が数年前に中風に倒れて療養中と聞いて収容所の中で訪ねて行った。

〈「わかるか君？」

自分の名を告げながら私は近寄って彼の手を握った。彼はしばらく黙って私を見つめていたが、わかってくれたらしくうなずき、それから笑おうとしたようだったがとたんにそれは号泣に一変した。私の手を握りしめおいおいと子供のように声をあげて泣くのであった。〉

このラーゲルでの食事は監獄のそれとは比較にならないくらいよかった。

〈嬉しかったのは、ここには千名近い収容者中八百余名の日本人同胞がいることだった。（中略）日本人は概して仲良く団結し、助け合っていたように見受けられた。どこの日本人社会にもあるように出身地や学校、元の職域などに応じて各種の相互援助の親睦グループが作られていた。入所したその翌日にはもう出身県人会の代表者が来訪し、慣例と称して慰問金を提供されたのは恐縮でもあり、また感激の極みであった。〉

映画や演劇・音楽会などの文化部活動も行われた。社交ダンス同好グループもあって時々仮装舞踏会が催された。

〈医務室には信頼のおける日本人医師がいてくれ、入院しても日本人看護人の介抱を受けることができ、また死亡すれば日本人の催す慰霊式も行なわれ、亡骸は日本人の手によって抑留者墓地に埋葬されるのであった。このことは私のようないつ死ぬかも知れない病人にとっては、なんともいえぬ気強さであった。〉

ただ、良いことばかりではなかった。

〈このラーゲルで私をもっとも驚かせ、震えあがらせたものは、いわゆるシベリアデモクラ運動の実態であった。

この運動は日本人捕虜抑留者に対し、洗脳のためマルクス・レーニン主義の研究をソ連側が強要したことにその端を発するのであるが、（中略）その結果旧秩序の打破が強く叫ばれ、また猛烈な自己批判が要求された。〉

密告、暴き立て、吊し上げが横行し、病気になっても「反動に薬をやるのは罪悪だ」として医務室から追い返し、再び骨身を削る作業に就かせた。このような中で何人もが命を落としていった。

政治状況の変化に翻弄される

すぐにでも港のあるナホトカに向けて出発するものと思っていたが、十月末近くなっても変化は訪れず、バラックの越冬準備が始まってしまった。ここに至って帰還の見通しは危うくなり、年内のダモイはないのではとの空気が収容所を支配するようになる。

そうした中、十一月七日のソ連の革命記念日には収容所でも「ご馳走」が振る舞われるという皮肉な一コマもあった。やがて厳寒《モローズ》の季節となり、ラーゲルは深い雪に埋もれ、一九五五年の元日が近づいた。大晦日の晩から正月二日の晩の間に収容所で繰り広げられた余興の舞台の司会者は、その年のうちに帰還が実行されるであろうとの確信を繰り返し、「これが抑留生活最後の正月興行となる」と述べて大歓声を浴びた。

ところが、事態はそう直線的には進まなかった。

一九五四年十二月、日本では吉田茂内閣が総辞職して、鳩山一郎内閣が成立した。新内閣は日ソ国交正常化を主要政策のひとつとするという。抑留者たちはこれを帰還につながる朗報と受け止めた。ところが明けて正月三日、ラーゲルにいた三人の日本人女性に移動命令が出て、ハバロフスクの女囚ラーゲルに移されたことがわかった。これは、男女を隔離する「抑留本来の姿」に戻ったことを意味し、早期のダモイは望み薄になったと思われた。見通しは再び混沌としてきた。

きびしい寒さが緩み始め春の胎動が感じられる頃になって、ラーゲルの高血圧患者は次々と死んでいった。再会を喜んだ旧友も帰らぬ人となり、収容所の病弱者室で同部屋だった二、三の人々もあっけなく死んでいった。

三月下旬になってアクチロフカが行われた。アクチロフカとは、直訳すれば「選別」ということらしく、要するに囚人の中で病気のために刑の執行を継続するのが不適当とみなされる者を選び出し、刑期満了前に釈放することを指すらしい。ただ、手続きは中国人と朝鮮人に寛容で、日本人に対しては極めて厳格だった。それをくぐり抜けて選別され、釈放命令を受けると、その者たちはその日のうちにラーゲルを出ていった。のちにわかったのは、この時に選別されて帰還したのは、戦犯抑留者としては第三次のものだった（一次は一九五三年十二月）ということだ。

この間、日ソ関係が改善し、抑留者たちの帰還が遠くないといったんは思われながら、その後、帰還の機運が急速に萎んでいった背景には、次のようなことがあったようだ。

〈昨年秋私たちがこのラーゲルに集結させられたときは、全部ではないにしても、その大部分はたしかに送還する考えだったように思われる。ところがその後の吉田内閣がつぶれ、日ソ国交回復を主張している鳩山氏が首相に就任したのをみたソ連は、方針を変更し、抑留日本人を人質として鳩山内閣と交渉を開始しようとしたのではあるまいか。そう思ってみるとなんとなく、昨年後半から第三次帰還者出発までの間にラーゲル内で起きた諸現象の意味がわかるような気がするのだ。〉

〈八月中旬頃、日本の代議士十数名がソ連政府の招待で国賓として訪れたことが、ソ連新聞に発表された。自民党代議士がもっとも多く、社会党がこれに次ぎ、共産党所属の者も一名いることがわかった。自民党代議士中には、戦前いわゆる青年将校の中心的指導分子として有名であった人の名前もみえ、また社会党代議士中にも戦前天皇政府の外交官として満州に深いゆかりの人や、戦時中翼賛態勢下の青年指導に当たっていた人などが混じっていたので、私たちは時勢の推移に驚くとともに、戦後日本の情勢の変化が想像以上に激しいものであることを察知したのであった。同時に、もし彼らが当時満州、朝鮮などにいたならば当然自分らと同様の運命に陥っていたであろうのに、今は国賓としてこの国を訪れていることについて、激しい矛盾と運命の皮肉を感じないではいられなかった。〉

だが議員たちが去って一ヶ月。晩秋の色濃い十月を迎え、ラーゲルでも越冬準備が始まる頃、日ソ交渉は行き詰まり、抑留者の心は言いようのない憂愁に閉ざされた。

そのうち「病弱者」に移動命令が下り、収容所内の第三分所に移される。ここには「気概ある猛者」の抑留者が数多くいて、茂は非常に意を強くした。とはいえ医療体制は心もとない状態だった。自分の体の衰えを考えると不安は募るものの、傾斜地に立つこの収容所の窓からは、ハバロフスクの雄大な景色を眺めることができた。窓のない監獄暮らしが長かった茂にとって、ウスリー川と街並みの大景観を見ることができるのは、この上ない喜びだった。思い出の中の景色をスケッチすると共に、茂は当時詠んだ歌を載せている。

江越えて野ずえに遠くシベリヤを貫き走る汽車の煙見ゆ

やがて朝鮮人収容者はみな北朝鮮へと送還されていった。そして一九五五年十一月下旬、今度は中国人抑留者たちが出発した。この時点で抑留されている外国人は日本人だけとなった。

その後、十二月に入って、収容所内の第一分所の抑留者たちがストライキに突入した。元旦を期して、茂が所属する第三分所もストライキを計画。要求は、ソ連政府による拘束には何ら正当な理由がないのだから、即時釈放、即時本国送還を求めるというものだった。しかしそれではあまりに問題が大きいので、当面の目標としては、まずは抑留者の意思を直接聴取し、その処置を決定するため、責任と権限を持つ有力人物を中央から派遣するよう要求するということになった。

年が明けて、ストライキ開始から十日後、ソ連側は新聞購読と図書閲覧の禁止、映画の上映中止、演芸会などの慰安活動を厳禁し、労働できる健康状態の者全員の食事を減らすという厳罰を科してきた。だが、抑留者に大きな動揺はなく、ストライキは継続された。ソ連の下層兵士の中には「ダワイ！　ダワイ！（いいぞ！　しっかりやれ）」と励ましてくれる者もいたという。

三月に入って厳寒《モローズ》も峠を越し、十二日の朝、内務次官ボチコフ中将がラーゲルにやってきた。ロシア語の達者な者を通訳として、弁の立つ収容者数名が申し立てを行った。中将は聞いている風を見せて去っていったものの、まもなくラーゲル居住の全作業可能者に「即刻荷物をまとめて転出の準備をせよ」という命令が下る。この命令に対して「拒否する」という回答を出した後、第一分所のストライキが武力をもって粉砕されたとの噂が拡まった。ソ連軍の襲撃を受けたという噂を聞いて、第三分所の意気は一気に下がった。結局、転出命令の撤回を求める傍ら、作業に戻る意思を表明。ストライキは終了したが、その後、抑留者の待遇は、あらゆる面で飛躍的に改善された。

さらなる病状の悪化

寒さが和らぐ頃、茂は病状が悪化するのを感じた。〈脈搏の乱れが激しく、脚に非常な重さを感じ、少し歩くとすぐめまいがするのである。〉その上、強い不眠症に罹ったので、三月末、病室入りを命ぜられ、四月下旬には、ソ連側から中央病院に入院するようにとの命令が出た。入院するためには、「選別《アクチロフカ》委員会」の審査を受けなければいけないため、ある意味、入院は帰還のチャンスに恵まれたことを意味していた。友人たちは祝福してくれたが、それまでの経緯から茂は複雑な心境だった。

〈私は医師委員会の審査を通過することは間違いないと思ってはいたが、その後で行なわれる裁判のことを考えると、うんざりしないではいられなかった。私のような前歴者をソ連の裁判所がそうやすやすと釈放するとは考えられない。むしろ不利な判決が下されるのは従来の例からみて間違いないところである。そのときの惨めさを思うと、私は友人たちの祝福を素直に受け入れることはできなかった。せっかく落ちついている精神を掻き乱されるのがうとましく、なんだか侮辱と嘲弄の的にされているような気持さえ覚えるのであった。〉

一九五六年三月以降、日本からの小包に新聞雑誌が入ってくるようになる。これで初めて抑留者たちは、日本の事情を知ることができるようになった。

〈祖国の現状は予期以上の変化であり、予想以上の進歩発展であり、そのめまぐるしい変貌は私たちに歓喜と安堵、驚愕と落胆等々複雑な感情を呼び起こし、取残された者の悲哀を痛感させないではいなかった。十年余の歳月は日常用語にまで変化を生んでおり、長期間の空白を持つ私たちは懐かしい日本の新聞を読みながら意味の通じない言い回しや、難解な文章、判断不能の事柄にしばしばぶつからねばならぬのが悲しかった。〉

六月下旬の医師委員会の審査には合格できた。ただ、これは裏を返せば、早期釈放を検討しなければいけないほど体調が悪いことを意味していた。〝合格発表〟の一、二日後に退院命令が下され、元のラーゲルへ戻される。

七月下旬、ラーゲルでアクチロフカの裁判が開かれることになった。十名足らずの病人のうち、順番は一番最後。あとになればなるほど、ソ連側に「罪が重い」とされそうな順になっており、すぐ前は元陸軍大佐だった。しばらく待っているとE元大佐が法廷から出てきて、にやりと笑いながら近寄ってきて「釈放！　釈放！」と囁きかけ、バラックの方に去って行った。

〈特務機関長の元大佐が釈放される！　まったくそれは今までの例からすれば夢想もされないことだった。甘い考えを持ってはいけないと思いながらも、何かしら大きな情勢の変化が感じられ、E元大佐が釈放されるからには自分にも幸運が回ってくるかも知れないぞという考えが心の隅を電光のように流れた。〉

そして茂の番が来た。法廷に呼び込まれ、満州での仕事に関するやりとりなど尋問が行われたあと、軍医が病状について医師委員会の見解を報告し、検事からこの件の処置については裁判所に一任するといった簡単な意見が述べられ、いったん休憩となった。煙草を一本吸うほどの時間待ったと思う頃、呼び込まれて公判が再開。

〈私が被告席に立つと裁判長はおごそかな口調で、きれいにタイプで打ってある判決文を朗読した。意外に長い文句で複雑な言いまわしなので、私は解しかねたので通訳に翻訳を頼んだ。結局それは「病状に鑑みて釈放する」という判決であった。

遂に私は幸運を摑んだのだ。またとない最大の幸運を！　飛びあがるような歓びを感じるはずなのに、その瞬間、ああ、そうだったのかとは思ったがそれ以上の感激には浸りえなかった。それは幸運があまりに大きいので感情がついて行けなかったためかも知れないが、また一面遠くは事前における上申書の提出、近くはE元大佐の釈放の事実や帰還の際の覚悟についての裁判長の質問などから、私の心のどこかにそうした判決が下されるのは当然だとの信念があったのかも知れない。

〈もし抑留生活が、更にあと一年も続くなら、私の健康はどう変化するかわからない。おそらくは（中略）この国の土と化してしまうのではないか。しかし、もうそんな心配はないのだ。今や生きて帰還できることだけは確実となったのだ。夜がきて静かにベッドに身を横たえ、はじめて、私はしみじみと私の上に訪れた幸運の大きさを感じ、その恵みの深さに驚くのであった。そして徐々に私の心は歓喜の念で脹れあがり、頭の中は愛しい、懐かしい人々の姿でいっぱいになるのであった。〉

ダモイへの道

〈アクチロフカの裁判があった日の翌早朝釈放の判決を受けた者、特赦によって釈放された者、すでに刑期が満了している者に対し、ただちに荷物をまとめて出所の用意をせよとの命令が下された。当局の語るところでは、ここから帰還ラーゲルに移り帰還の準備を整え数日中には乗船港ナホトカに向かって出発するとのことなので、私は持っていた慰問品や食料品全部を、残留の友人や世話になった人々に提供した。携帯品といえば

家族から送ってきた下着類若干がはいっている小さい風呂敷包が一つとなった。〉
〈帰還用の衣類や靴が支給されたのは八月十日頃であった。いずれも新品ではあったが、真っ黒な木綿布製の学生帽、カーキー色木綿布製のジャケツ、あざやかな紺色のズボン、人造革ゴム底靴、そして黒色綿入木綿の袖付胴着といったもので、いずれも日本に上陸すれば恥ずかしくて身につけてはいられないような代物だった。〉
　一九五六年八月十三日午後、帰還者たちは数台のトラックに分乗してラーゲルの門を出た。この時の帰還者の総数は百六十人だった。

　八月十五日、茂たちを乗せた寝台車が帰還船・興安丸が到着するナホトカに着いても、まだ船は入港しておらず、停車場で待たされた。茂はこの時、思いがけない経験をしている。ホームの端に置かれた石に座って、港を眺めていた時のこと。三十歳くらいの労働者風の女性が三人近づいてきて、どこへ行くのかと話しかけてきた。服装から囚人と判断して、刑務所に連れて行かれるのかと思ったらしい。
〈私がそうではなく、日本に帰るところだと答えると、彼女らは目を丸くして「そうなの、あなたがたは日本人だったの、それで今まで何をしていたの?」と尋ねた。「戦後満州で捕えられ、ソ連に連れ込まれて二十五年の刑に処せられ監獄やラーゲルで暮らしてきた。最後はハバロフスクにいたが今度釈放されて日本へ帰ることになったのだ。今迎えの船がはいるのを待ってるところである」と答えると、最初は、気味悪そうに眉をしかめて聞いていたが、私の話が終わるや一斉にため息をつき「よかった、よかった」といってわが事のように喜んでくれ、さらに私に妻子がいて私の生存を知っていることを知ると、三人共涙を浮かべながら「奥さんはどんなにあなたを待ってることでしょう。子どもたちはさぞかし喜んでることでしょう。ほんとうによかった」と言い、私と家族の多幸を祈ってくれた。

ソ連の一般市民からこんなに情け深い言葉をかけられ、これほどむき出しの善意に接したのは初めてであり、いままでまったく予期しないことだった。私は言いようもない感動に包まれ、プラットホームを下り線路を横切って埠頭の方へ歩いて行く彼女らの姿を見送った。〉

ソ連を離れる直前に、軍人ではないふつうの市民とこのような心の触れ合いがあった。そして、ようやく帰還船の姿が見えた。

〈長い夏の日が暮れて、あたりがすっかり暗くなった頃、太い汽笛を周囲の山々に響かせながら前檣《ぜんしょう》に灯をかかげた興安丸が入港、第一岸壁に横着けされた。〉

待ちに待った乗船が開始されたのは、もう夜半を過ぎた頃だった。

〈「ああ、助かった!」

不自由な足を引きずりながら半ば夢見る心地でゆっくりとタラップを上がり、興安丸の甲板に一歩足を踏んだときのこれがいつわらない感じであった。今まで踏んでいた大地は私にとっては浮動するもので、この船こそしっかりと支えてくれる大地であるかのような気がした。

甲板への入口両側に白衣の看護婦が二人立っていて私が近づくと、

「お帰りなさいませ。長い間ご苦労様でした。」

と声をかけた。なんと優しい響きだろう！　なんと真情のこもった言葉だろう！　そうだ、帰って来たのだ。生死の苦闘十一年、遂に生きて帰ることができたのだ。胸先にこみあげてくるものを感じ、私は彼女らに挨拶を返すことさえできなかった。おそらくもう一言優しい言葉でもかけられたら、声をあげておいおい泣いてしまったことだろう。〉

『ソ連獄窓十一年』は、帰還船が離岸するシーンで締めくくられている。

〈思念にふけっていて、気がついたときは船はもう港外に出ていた。（中略）ナホトカの町も見えなくなった。その背後の山々もただひと連なりのソ連の大地として遠ざかっていった。もうそれは私にはまったく縁のない土地である。生きているうち二度とこの土地と相見る機会はないであろう。

私はかむっていたソ連支給の真っ黒な囚人帽をぬいで海に投げ捨て、遥かなソ連の大地に向かって言った。

「プロシチャイ！　ソヴェツキー・ソユーズ（永久におさらば！　ソヴィエト連邦よ）」〉

茂はこれを帰国後、記憶が生々しいうちにと入院中にメモをまとめ、その後、四年の歳月をかけて書き上げた。終戦直後のことなど妻が持ち帰った日記があったにせよ、驚くべき観察眼と記憶力というべきだろう。占領した中国から断罪されるならまだしも、なぜソ連に引き渡されなければならないのか？　まともな取り調べも裁判もなく、懲役二十五年などという理不尽な罰を受けなければならないのか？　納得できる答えなど見つかるわけもないなか、飢えと寒さと汚物にまみれた暮らしの中で、知性と冷静さを保ち、他国の人にも公平な眼差しを保ち続けた品性には驚くしかない。しかも、このような暮らしの中、手書きの辞書を作ってロシア語を独学で身につけ、新聞や雑誌が読めるまでになるなど、その向学心と知力は超人的と言うほかない。加えて、時折見せるユーモアや反骨心は、過酷な抑留生活を乗り切る上で大きな力になったはずだ。

満身創痍の茂が家族の元に辿り着いたのは一九五六年八月。和子は十四歳。中学二年生になっていた。

父の帰国まで、一家は常にどこか緊張していた。幸子には「託された子を立派に育てなければならない」という思いがあった。娘二人は「母に心配をかけてはいけない。いい子でいなければならない」という思いがあった。
満州で八路軍に連行される前、茂は幸子に宛てて「遺言」を認《したた》めていた。

〈幸子殿
よく盡してくれたこと感謝に堪えぬ。
この状態の下、一文無しとなり果て、夫を失いては、たとえ日本に帰れたとしても、多くの子供を育ててゆくことのいかに困難であることか推察するだに胸の痛む思いがする。
然し日本の復興の為め断じて頑張ってくれるように。
一、たとひ私が満州でどんな処分を受けようとも、(殺されれば勿論のこと、殺されなくても押込められたとしても) 日本人が日本へ帰れる時が来たら私のことなどかまわないで、できる丈いそいで、日本へ帰ること。
一、淳一郎は何としてでも大学 (もし大学の存在が許されるとするならば) を出してやってくれ。医科でも農科でも何でも良い。とにかく科学の方にやらすこと。
一、生まれる子供の名前
男の場合　毅
女の場合　通子
但し、お前がもっと良い名前を考え出したらばそれをつけてやってよろしい。

一、和子、薫のことは一切お前の方針でやってくれ。ただ、余りがみがみ叱らないで欲しい。子供は短所を見て叱るよりも長所を見て、むしろおだてる様にして、これを伸ばすことが大切だ。（後略）〉

子供たちのことを託された幸子は、重い責任を感じていたはずだ。それだけに、茂が帰国し、入院を経て健康を回復して裁判所の仕事に戻ると、幸子は解放されたかのようにあっさり仕事を辞めた。のちに茂は幸子を指して「明治の不良婆さん」と呼び、外出の好きな幸子は「寝たきり」ならぬ「出たきり老人」を自称していた。和らいでいく母の表情を見て、和子は「もう、いい子でいなくてもいいかもしれない」と思った。

父が生きていることがわかった冒頭の手紙が届いた日のあと、小学校での掃除当番の時、ちゃんと掃除しない男の子のお尻を和子は箒でバシッと叩いた。そんなことをしたのは生まれて初めてだった。「優等生の前野和子」は、「そんなことをしてはいけない」と思っていたけれど、父の生存がわかった解放感の中で、「やってもいい」と感じたのだった。

第二章

学生時代

To be, or not to be...

——生きてこうあるか、消えてなくなるか　『ハムレット』

和子が中二になった夏、父・茂がようやく帰国を果たす。六十歳にもならないのに、父は真っ白な髭を生やして老人のようだった。三歳で別れた和子にとって、心情的には再会というよりは初対面だったが、母が心から安堵した気持ちは和子にも伝わった。

この頃、和子は一冊の本に夢中になる。『赤毛のアン』。言わずと知れたカナダの作家L・M・モンゴメリが一九〇八年に発表した小説で、孤児院で育った妄想癖気味の赤毛の少女アン・シャーリーの成長を描いた物語だ。日本では戦時中、「敵性語」とレッテルを貼られた英語で書かれた小説であるにもかかわらず、翻訳家・村岡花子が「何としてもこの物語を日本の子供たちに届けたい」と命をかけて翻訳しつづけ、戦後出版された。和子もこの村岡訳の『赤毛のアン』に胸をときめかせた少女の一人だった。

一九五六年ごろの東京・阿佐ヶ谷には畑や原っぱがあり、ザリガニやオタマジャクシの泳ぐ小川があった。自分をアンに、仲良しの友達をアンの「腹心の友」ダイアナに当てはめた和子は、小川の脇の草地にある農具置き場を、アンが「アイドルワイルド」と名付けた「ままごとの家」に見立てて、「ダイアナ」と待ち合わせたりした。

あらゆる出来事に心を動かし、それを大仰な言葉で表現するアン。辛いことがあっても想像力で跳ね飛ばし、明日への希望を失わないアン。和子はアンに共感し、自分に重ねる中で、「外国の物語を日本語にする仕事っていいな」と思うようになる。これが、翻訳家としての松岡和子の原点かもしれない。

ただ、この頃の和子は別の職業も夢見ている。小さな頃から針仕事が好きで、手作りの人形と着せ替え用の洋服を自分で縫ったりしていた。今も手作りの人形と洋服が一揃い、和子の手元にある。中学に入ってからも、とにかく縫ったり編んだりすることが大好きで、ぬいぐるみを作っては友達にあげていた。将来は手芸家かファッションデザイナーになりたいと夢見て、デザイン画を描くこともあった。

勉強か青春謳歌か

和子は勉強も得意だった。父親不在の中、母に迷惑をかけてはいけないと長らく自分に言い聞かせていたこともあり、無意識のうちに優等生になっていた。

自宅のある阿佐ヶ谷から通うとなると、勉強のできる男子は都立西高、女子は都立富士、その次が都立武蔵丘、都立豊多摩《とよたま》というのが当時の相場だったという。中学の先生から「どこでもいけるよ」と言われた和子は大いに悩んだ。

一緒に勉強していて、ちょっと心を寄せている男の子は西高を受けるという。一緒に進学しようと思う一方で、当時、恋愛小説を山ほど読んでいた和子は、脇目も振らずガリガリ勉強するよりも、素敵なボーイフレンドを作って楽しい高校生活を送りたいとも考えた。加えて、自由な校風の豊多摩高校には制服がないのも魅力的だった。

西と豊多摩どちらにしようか、和子は悩んだ。ある日は西に決めて、「西高を受験しようと思う」と言うと、幸子は「それがいい、そうしなさい。西に行けば勉強もできるし、いい大学に行けるかもしれない」と、西高の良いところを挙げていく。でも翌日、「やっぱり豊多摩にする」と言うと、母は「そうだそうだ、それがいい。のびのびできて、きっと楽しい」と、今度は豊多摩の良いところを列挙する。茂は進学先について特に意見はないようだった。

和子はいっそのこと親が「こっちにしろ」と意見を言ってくれれば楽なのにと思ったが、自分の人生は自分で決めなければいけないのだと無言のうちに伝えられていたのだろう。

結局、勉強よりも楽しい青春を選んで、結果は大正解だった。英語クラブのＥＳＳに入り、卓球をちょっとやって、演劇もやった。絵も描いた。豊多摩高校の校庭は広く、土手には木々が植えられていて、「なまけの森」と呼ばれていた。生徒たちは授業をサボってこの森に逃げ込んだ。英語クラブでは広瀬広子先生という恩師にも出会えた。かっこよくて、大好きなあこがれの先生だった。豊多摩高校の仲間たちは、和子にとって一生の友となった。

大学選択でまた悩む

小さい時からカナダ人の先生に習っていたこともあり、英語はずっと得意だった。自然と、大学でも英語を専攻したいと考えるようになった。

だが、大学受験となると和子の前に大きな壁が立ちはだかった。数学が絶望的にできなかったのだ。校内の試験結果が廊下に張り出されると英語は常にトップクラスであるにもかかわらず、数学は「五点」のような無惨な結果しか出ない。当時、全教科受けなければならなかった国立大学への進学は諦めざるを得なかった。

そこで候補として浮上したのが東京女子大学と津田塾大学。東京女子大は母の母校であり、幼い頃から馴染みのある学校だった。他方、英語に強い津田塾は広瀬先生の出身校だった。受験の結果、両大学に合格する。ここでまた和子の苦悶がはじまった。どちらも好きで、選ぶことができない。入学手続きの締め切りギリギリまで迷いに迷った。

その頃、世間にはこんな評価があった。「奥さんにするなら日本女子大。ビジネスパートナーなら津田塾。恋人は東京女子大」。今、こんな言い方をすれば非難を浴びるに違いないが、一九六〇年当時は当たり前のように口にされる各大学への世評だった。「ビジネスパートナー」となるか「恋人」となるか。

東京女子大にしようと思うと言うと、幸子は「よし、私の後輩だ！」と喜んだ。だが、和子は高校進学の時と違って、今度は本気で勉強しようと思っていた。東京女子大に親しみは覚えるものの、最後は「勉強」を選んだ。津田塾進学を決めて、職員室に広瀬先生を訪ねた。

「先生の後輩になることにしました」

先生はとても喜んでくれて、次の日に手続きに行こうと決めた……はずだった。

翌朝、起きてみると雨がザーザー降っていた。和子はくじけた。

「そうか、雨が降ることもあるんだ」

手続きもさることながら、雨が降る日に阿佐ヶ谷から小平まで通学するのは大変だと思ったのだ。入学手続きをするのをやめたら、次の日はカラリと晴れた。和子は自転車に乗って自宅と同じ杉並区内の東京女子大まで行って手続きを済ませた。入学手続きをしようとした日、晴れていたら和子の人生は別のものになっていたのだろうか。

シェイクスピアからの逃走その1

英文科に進んだからには「シェイクスピアの一作も原文で読まなくては」という殊勝な気持ちを起こして、シェイクスピア研究会をのぞいてみた。通称「シェイ研」。東女の英文科の中でも優秀な人が入る「強面《こわもて》の」クラブとして知られていた。入会してみたものの、四百年前の英語は普段読んでいるものと違うし、あまりに難しそうで、尻尾を巻いて退散する。これが最初の「シェイクスピアからの逃走」だった。

だが、逃げ出す前に和子は早くも大きな発見をしている。

ある日の活動で、先輩たちが『ハムレット』を輪読していた。ハムレットの前に父の亡霊が現れて、自分がどのようにして弟（ハムレットにとっての叔父）に殺されたかを説明し、復讐を命じる第一幕第五場に差し掛かった時だった。

父の亡霊はハムレットに向かってこう説明する。「殺された時、自分は昼寝をしていた。その時、弟がやってきて、耳に毒を流し込んだ。それで私は殺された」と。

あれ？と思った。耳が「ears」と複数になっていたのだ。え？　両耳に毒を流し込んだの？　不思議に思った和子は素朴な質問をした。

「この ears は複数になっていますけど、右の耳に毒を流し込んだら、頭をひっくり返して、左の耳にも入れたんでしょうか？」

半分、軽口のつもりだった。先輩たちがあまりにも大真面目に輪読しているので、ちょっと場を和ませたかったのだ。「あら、本当ね」とか「シェイクスピアも筆が滑っちゃったのかも」とか言ってもらって、少し空気が緩めばいいなと思っていた。だが、先輩たちは黙殺。誰も反応してはくれなかった。実は先輩たちもよくわからなくて、「反応できなかった」というのが実態だったかもしれない。でも、和子はその一件で居心地の悪さを感じて退会してしまった。

このエピソードには後日談がある。二〇一五年八月、イギリスの本家グローブ座が

「Globe to Globe（グローブ座から世界へ）」と銘打って世界各地で『ハムレット』を上演した。その時、彩の国さいたま芸術劇場で上演されたドミニク・ドロムグールとビル・バッカースト演出の『ハムレット』の劇中劇で、まさにこの頭をひっくり返して両耳に毒を注ぐ演出を、和子は目の当たりにしたのだ。学生の時に気づいた「複数の耳」には、きちんと意味があった。

退会したはずの「シェイ研」だったが、二年の秋のある日、廊下で研究会の先輩三人に取り囲まれる。次の春の新入生歓迎の公演で『夏の夜の夢』を原語で上演するから手伝って欲しい、と。振られた役は「ボトム」。読んだこともなければ、ボトムがどんな存在かも知らないまま、和子は先輩たちの迫力に負けて「やります」と答えた。

自宅に帰って翻訳を読んでみると、ボトムはロバの頭の化け物に変えられてしまう三枚目。そんな役が自分にできるのかと怯んだものの、思い切って飛び込んだ芝居の世界はあまりに楽しかった。

シェイクスピアの英語もよくわからないまま、セリフはひたすら丸暗記。それでも放課後の稽古は欠かさず出席し、劇中劇で使う小道具も自分で手作りした。公演では、結構ウケた気がした。観客が笑ってくれるのは役者にとって快感だということを実感した。先輩たちも褒めてくれた。「稽古では、あなたはセリフを言ってる最中に笑っちゃうから、どうなることかと心配だったけれど、本番は良かった」と。芝居を作るのは本当に楽しかった。と同時に、片付けが終わってがらんとした舞台に立った時、「ああ、もうあの世界は消えてしまった」という寂しさと充実感がないまぜになった気持ちも味わった。この時、和子は決意する。

「どんな形でもいいから芝居に関わって生きていきたい」

結局、そのままシェイクスピア研究会に残り、四年生では『ロミオとジュリエット』で、舞台装置を作る裏方と前口上を述べる序詞役を務めることになった。

掛け持ちで洋画研究会にも所属し、たくさんの絵を描いた。洋画研にはとんがった先輩がたくさんいて刺激を受けた。

もうひとつ、和子が大学で夢中になったのがフランス語だった。第二外国語として選んだフランス語に和子は心を鷲摑みにされた。なんて素敵な響きを持った言葉なのか、と。授業だけでは飽き足らず、日仏会館に登録して週三回の講座にも通った。

フランス語研究室に入り浸って、教鞭をとっていた二宮フサに可愛がってもらった。フサは翻訳者としても活躍しており、自宅に招かれて交わすフランス文学談義は大きな刺激となった。フサの夫・敬《たかし》は名のある仏文学者として東大で教えており、その知遇もここで得た。のちに東京大学大学院に進む時は、敬から仏文科に誘われてもいる。フサがシモーヌ・ド・ボーヴォワール『女ざかり　ある女の回想』を朝吹登水子と共訳した時は、ゲラのチェックを手伝わせてもらった。フサが音読する手書き原稿が間違いなく打ち込まれているかを確認する作業で、言ってみれば翻訳家自身の音読でボーヴォワールを一字一句、体に染み込ませていく贅沢な時間だった。

「人は女に生まれるのではない、女になるのだ」として、「女」は社会的に作られるという考えを明確にし、女性解放運動の思想的・精神的支柱であったボーヴォワールの作品を読むことは、当時、知的な学生の「常識」だった。終生のパートナーでありながら互いの自由を尊重した哲学者サルトルとの関係も刺激的なものだった。

和子は学者たちの議論についていくために一生懸命学んだ。あらゆる分野で理論武装が必要だった。当時はかなり背伸びをしていたけれど、あの頃の背伸びが今の自分を作っている、と和子は確信している。

大学に在学中か大学院に進んでからのことだったか記憶が定かでないが、二宮敬が師である渡辺一夫の訳したフランソワ・ラブレーの著作を文庫化するために編み直すというので、ホテルニューオータニに部屋を取ってもらって合宿のようにして二宮夫妻を手伝ったこともあった。高級ホテルで二泊三日、昼間は指示された作業を行い、夜になると「お茶にしよう」と誘われて語り合ったのは、忘れることのできない楽しい思い出になった。

「シェイ研」の活動に勤しみ、絵を描いて、フランス語を学んで、夢中で過ごした大学時代、生涯の恩師となるC・L・コールグローヴ教授にも巡り合うことができた。「英米演劇を読む」という特別講義があり、アイルランドから始まってイングランド、アメリカへ。毎週一編を原文で読む。加えて、翻訳でアリストテレスの『詩学』やベルクソンの『笑い』を読むという内容の濃い、とても厳しい授業だったが、和子はそれらすべてにハマった。この時初めて、戯曲を読む楽しさを覚えた。小説と違って、戯曲は頭の中で芝居を作り上げていくことができる。卒論は一九一一年生まれのアメリカ人劇作家、テネシー・ウィリアムズを取り上げた。読んでいると次々と頭の中に場面が浮かんでくる。「これを自分で舞台化できたらどんなに素敵だろう」と夢想するようになった。

劇団研究生になる

和子があこがれたのは演出家だった。そこで、「演出部」要員を募集していた劇団雲の試験を受けて、大学卒業後に研究生になった。

劇団雲は一九六三年、芥川比呂志を中心に文学座の若手・中堅団員が集団離脱し、芥川が福田恆存《つねあり》と立ち上げた財団法人「現代演劇協会」に付属する劇団に全員参加する形で設立された。評論家であり翻訳家だった福田は、劇団雲の結成は新たな芸術運動であるとし、これによって新しい演劇の創造を目指すと宣言した。

和子の胸に劇団雲の存在が刻まれたのは、旗揚げ公演『夏の夜の夢』を観たことだった。ボトムは小池朝雄、ハーミアは岸田今日子、ヘレナは伊藤幸子だった。シェイクスピアから何度も遁走しながら呼び戻されることになる和子の人生において、大学三年生の時にボトムを演じたのが転機のひとつであったことは先に書いたとおりだが、ここでまた『夏の夜の夢』が和子の人生に登場した。この先も『夏の夜の夢』は節目節目で和子の前に姿を現すことになる。

この時、一緒に入団試験を受けた同期生は多才な人たちだった。のちに作家になる柄《から》谷《たに》真佐子は、すでにシーラ・ディレイニーの『蜜の味』を翻訳して文学座に提供していた。永井多恵子は現役のＮＨＫアナウンサー（のちに副会長）。大橋也寸《やす》は慶應の大学院を出たあとフランスのジャック・ルコック国際演劇学校を卒業しており、入団してすぐに演出を始めるほど才能を認められていた。

当時の和子は、演出部とは演出をするところだと思っていた。実際には、舞台の裏方仕事が主だったが、そんな知識は持ち合わせていなかった。ともあれ、劇団に受かったと両親に報告すると、思いがけず猛反対された。母は映画や舞台をよく観ていたから、それなりに理解があった。だが、父は激しく反対した。

「演出家になりたいと言うけれど、自信はあるのか？」

不安定な仕事だと心配しての反対だった。これに対して和子が「やったことないから、わからない。やらなきゃわからない。自信なんてないけど、やってみたい」と答えたものだから、父はますます不安を募らせた。

結局、反対を振り切って、和子は一九六五年春、劇団雲の研究生になった。

あの時、「自信あります」とハッタリをかましていたら、親の態度は違ったのかもしれない。自信があると言い切っていたら、自分自身の覚悟も違っていたかもしれない。でも、その時の和子は、ただひたすら「やってみたい」というあこがれに突き動かされていた。

劇団に入って最初の仕事は、福田恆存の秘書だった。福田は当時五十二歳。すでに翻訳家、演出家、評論家として広く知られており、和子が入団した頃は、イギリスから演出家マイケル・ベントールと照明および美術の担当者を招いて『ロミオとジュリエット』の稽古に入っていた。神奈川県大磯の自宅から都心の稽古場に通うのが大変だからとホテルオークラを常宿としていた。

初日、和子はホテルの福田の部屋を訪ねた。

「おはようございます。今日の仕事は何ですか？」

何も考えず、背後でドアが閉まるに任せた。すると福田が言った。

「前野くん、ホテルで男の部屋に入ってドアを閉めるということは、何をされてもいいということですよ」

思ってもみないことだった。

「えっ、そうなんですか？　あら大変！」

和子は慌ててドアを開けに走った。

福田にすれば新入りの世間知らずの若い秘書に、この業界で生きていく上で必要な知恵を授けつつ、軽くからかってみただけかもしれないが、和子にとっては大人の世界の洗礼を受けた格好となった。

他にも福田からは様々な指導を受けた。ある時は、「ことここに電話をして、これを伝えなさい」と書かれたメモを渡される。社会人としての経験はゼロ。ダイヤルは回すものの、何をどう言っていいのかわからない。思わず、こう名乗った。「福田のモノです」。

さっそく小言が降ってきた。「前野くん、『福田のモノ』はない。『福田の代理の者です』と言いなさい」。確かに「福田のモノ」では、「福田の女」を意味しかねない。

数年後、福田恆存は『億萬長者夫人』と題した戯曲を書いた。和子はすでに退団していたが、この舞台を観に行った。初演の一九六七年当時、主役の弁護士である須藤満を演じたのは岡田眞澄だった。冒頭から間抜けな秘書が登壇する。その名は前尾千代。前文によると、〈大学と呼ぶのはをかしいが、やはり大学には違ひない所で法律を学んでゐると称する女性、前尾千代がアルバイトに受附を預り、隣室に控へてゐる〉。

〈第一場

ノックの音、千代が現れる。

千代　お客です。

須藤　お客様と言ふんだ、「です」ぢやない、「ございます」――「お客様でございます」――さもなければ「お客様がいらつしやいました。」

千代　お客様でいらつしやいました。

須藤　畜生、それでも大学生か？

千代　済みません――お客様がいらつしやいました。

須藤　お通しし給へ――冗談ぢやない、そんなもの来る筈が無い、今日開業したばかりだ、まだ何処にも挨拶状は出してない。

千代　でも、来たんです。

須藤　「いらしたのです。」

千代　さうです。

須藤　名前は？

千代　ホリベ・ヤヘイです。

須藤　ふざけるな――今後、注意し給へ……。
千代　はい、訊き直して来ます。
須藤　さうぢやない、注意しなければならないのは、いいかね、余り頭の良くない人間が冗談や諧謔《かいぎゃく》を口にしようとする時だ。
千代　はい、もう一度訊き直して――
須藤「参ります」――もう一度言つてみ給へ。
千代　参つたです。〉

ほとんどコントのようなやり取りだ。劇の中盤でも、千代はトンチンカンな受け答えをして笑いを取る。和子は見ているうちに冷や汗が出てきた。「このおバカ秘書のモデルは絶対に私だ」。真偽は確かめようもないが、少なくとも、秘書としての和子が福田恆存に創作のインスピレーションを与えたことは想像に難くない。

小言を浴びながらも、和子は劇団雲で一年半の経験を積んだ。シェイクスピアの戯曲を何作も翻訳して演出している福田のそばに身を置き、立ち上がってまもない劇団が育っていく姿を間近に見ることは得難い経験だった。だが、それぞれ自分の世界を持っている多士済済な先輩や同期たちを見るにつけ、自分が何も持っていないことを思い知らされてもいた。

英語の演劇をやるならば、その元にあるシェイクスピアをきちんと学び直して、自分の強みはこれですと言えるようになってから戻って来よう。そう決意し、一浪の末、東大の大学院に入った。二十五歳のことだった。

シェイクスピアからの逃走その2

東大を目指したのは、小津次郎助教授がいたからだ。シェイクスピアの翻訳もするシェイクスピア学会の中心人物だった（のちに日本シェイクスピア協会会長も務める）。今度こそ、ここできちんとシェイクスピアを学ぼうと固く決意した……はずだった。

ところが授業が難しい。東女で輪読していた時とは読みの深さが違った。レベルが違うと思った。ここで、また逃げる。「シェイクスピアからの逃走その2」である。

方向転換を図って凌ごうとした和子が研究テーマに選んだのは、ジョン・フォードだった。シェイクスピア没後の一六二〇年代から三〇年代にかけて活躍したイギリスの詩人・劇作家だ。

ところが論文を書くために読み始めると、フォードがシェイクスピアの影響を色濃く受けていることがわかってきた。たとえば、フォードの『あわれ彼女は娼婦』を語ろうとすると、それが『ロミオとジュリエット』の変奏であることがわかる。そうなると、『ロミオとジュリエット』を読み直して、フォードが何を採り入れてどうアレンジしているのかを書かなければならない。結局は、シェイクスピアに戻っていかざるを得なかった。

ともあれ、研究テーマを決め、英語の力をさらにつけるために留学の準備にも着手し、大学院生活は進んでいくはずだった。ところが予想もしない展開が待っていた。

「この人と結婚するかも」

大学院に入る前後から、親がお見合いを勧めてきたのだ。和子としては、大学院で学んで力をつけて演劇の現場に戻る将来設計を描いていたのだが、親からすると、この子は一体どうなるのかとハラハラし通しだった。そこで両親が考えたのが結婚させることだった。

最初、和子はお見合いを拒み続けた。だがそのうち、嫌がるだけでは親が諦めないことに気づき、会った上で断ろうと作戦を変更した。親の顔を立ててお見合いはする。でも「気に入らない」と言って断れば、自分の人生設計を曲げずに済むではないかと。

二人目まではうまくいった。ところが、三人目に会った時、和子は「あれ？　なんかこの人と結婚するのかも」と思った。一目惚れとは違う。ただ、「結婚するかも」という予感がした。

相手の名前は松岡陽一。敗戦後の日本企業が初めて開発製造した旅客機ＹＳ－11のエンジニアだった。

陽一もまた満州で生まれている。和子が生まれる三年前、一九三九年に奉天市（現在の瀋陽市）で生まれた。三歳の時に父を亡くし、その後は、終戦前に日本に戻ってきた母・ツルの女手ひとつで育てられた。一九六三年に東大を卒業後、ＹＳ－11を製造していた日本航空機製造に入社する。

陽一は静かな人だった。その様子が腹違いの兄を彷彿とさせた。父の最初の結婚でできた長男・淳一郎。和子は歳の離れたこの兄がとても好きだった。満州から引き揚げてきた時、岡山に迎えにきてくれたのが淳一郎だった。陽一は、理知的で物静かな兄に似た空気をまとっていた。断る前提で臨んだお見合いだったが、和子は直感に従って、結婚を決めた。

そもそもこの縁談が来たのは、陽一の母・ツルと、和子の母・幸子の大親友が津田塾大学の同級生という縁からだった。加えて、兄嫁の母がツルと第五高等女学校（のちの都立富士高校）の同級生であるなど、学校や職場のネットワークが絡み合って、「おばちゃま連中がみんな和子と陽一を知っている」という状況、いわば衆人環視の中でのお見合いのようなものだった。

このため、デートで箱根にドライブするという日、兄嫁から伝令が飛んできた。

「陽ちゃんは今度のデートでプロポーズするらしいから、その心構えでいなさい」

そうか、と心構えをした。目的地に着くと「ここでプロポーズか」と身構える。でも、何もない。さらにドライブして砂浜に座った。「ここか？」。でも、ない。結局、プロポーズの言葉はないまま家に送られた。

帰宅すると早速兄嫁から電話がかかってきた。

「どうだった、和子ちゃん？」

「何もなかった」と答えると、今度はこの情報が親たちのネットワークを駆け巡る。陽一は、母親に「ダメじゃない」と言われた。そのつもりはあったものの、勇気が出なくてその日はプロポーズできなかった。

結局、プロポーズがあったのは、それから数日後のこと。銀座のイタリアンレストランで食事をした際に結婚を申し込まれたが、その言葉は覚えていない。

親たちが手ぐすね引いて待っていたこともあり、話はとんとん拍子で進み、二人は翌年三月に結婚した。新婚旅行は九州へ。九州に行くこと以上にＹＳ－11に乗ることが目的の旅だった。和子にとっては初めての飛行機搭乗だった。

学生運動の真っただ中で

和子が東大大学院に通いながら結婚した一九六八年は、東大闘争が最も激しくなった年だった。研修医の待遇改善運動に端を発した学生たちの運動はこの年、激しい紛争状態に入り、六九年の東大安田講堂事件へと発展していく。
六九年一月、青山の秩父宮ラグビー場で加藤一郎総長代行と学生代表の大衆団交が行われた。七千人の学生と千人の教職員がスタンドを埋めた。その様子をニュースで聞いた時、妊娠していた和子は冷えるといけないからと母が用意してくれた黄八丈を着てゴミを出していた。大学が騒然としている時に、「私、ゴミ出しなんかしてる場合じゃないんだけどな」と思いながら。その年、東大入試は中止となり、大学院に籍を置いていた和子も自動的に留年となった。

政治運動とは距離を置いていた和子だったが、学生と教授陣の団交の場に駆けつけたことがある。家にいると、東女時代にフランス語を習った二宮フサから電話がかかってきた。「あなた（家で）何やってるの!?」。聞けば東大で学生が教授たちを吊し上げているという。（フサの夫の）敬も団交に引っ張り出されて何日も家に帰れないような状態になって大変だと。広い階段教室に駆けつけると、学生たちが壇上にずらりと並んだ教授陣に乱暴な口調で「自己批判」を迫っていた。「ゲバルト・ローザ」とも「駒場のジャンヌ・ダルク」とも呼ばれた女子学生もいた。その様子をふくらみ始めたお腹を抱えつつ、和子は片隅に座って眺めていた。学生たちの言っていることに理がないわけではない。でも、こんな風に人を吊し上げるようなやり方は嫌だ。強くそう感じた。

高校、大学、大学院と左翼運動の嵐が吹き荒れた時代を生きながら、和子が運動から距離を置いてきた背景には、父の存在があった。共産主義の国・ソ連の獄に十一年もつながれた父の経験が頭を離れることはなかったのだ。

都立豊多摩高校に在籍したのは、六〇年安保闘争の時代。同じクラスの男子が安保反対デモに参加したと聞いて和子は驚いた。まだまだ子供だと思っていたのに、自分の世代が社会の動向に首を突っ込む、そういうポジションにいるという事実が衝撃だった。ただ、デモに誘われることはなかったし、行ってみようとも思わなかった。

東西冷戦真っただ中の一九六〇年代。若者たちは共産主義・社会主義に希望を見ていた。より平等で、搾取のない社会を築くことは可能だと夢見ていた。だが、その熱狂を横目に和子は冷めていた。仮に共産主義や社会主義の理論に良いところがあったとしても、その理論に基づいて作られた政治体制になっているはずのソ連で、地位や資産の平等が実現されているのか、人々がより幸せなのか。父の経験を聞いている和子はとてもそう思うことはできなかった。

父の経験は日常生活の中でも聞いた。帰国直後のある朝、朝食の時に普通の食パンをトーストする。すると、父が「白パンかぁ」と感動する。子供たちは「白くないパンってなに？」と質問する。父は収容所で口にした硬い黒パンの話をしてくれた。ソ連で抑留生活を共にし、帰還した知り合いが訪ねてきた時も、父たちは苦しかった思い出を語りあっていた。

学生たちが語る「理想社会」の実相をひと足先に知っているという気持ちの一方で、和子には父が著書でソ連批判を行なっているのを引け目のように感じる気持ちもあった。中国やソ連に夢を見るのは「幻想だ」と早くから言い切っている父は、運動をしている級友たちからすれば「反動」のように思われるのではないかという恐れがあったのだ。

一九六九年、和子は長男を出産。子育てをしながら修士論文を提出し、一九七一年に修士号を取得した。当時、子供を抱えて演劇の現場に戻るのは現実的ではなかったために、和子は東京女子大の非常勤講師などをしながら、自宅で翻訳をするようになる。きっかけは、妹の薫が編集者として籍を置いていた『銀花』(文化出版局)で美術評論の翻訳者を探していたことだった。

第三章

仕事・家族

Parting is such sweet sorrow.

——別れはこんなにも甘く切ない　『ロミオとジュリエット』

初めての翻訳

大学院の修士課程を修了するとき、ある私立大学で教員を募集していると聞いて、和子は応募した。書類審査を通って面接までいった。ところが、面接官が明らかに真剣ではない。どうやら採用する人はすでにコネで決まっているにもかかわらず、形だけ公募の体裁をとっている様子が見てとれた。当時はそういうことが珍しくなかった。ひどい屈辱感を感じた。それもあって、大学という制度そのものに失望し、大学に就職することは諦めた。

大学院に通う間に長男、修士号を取った翌年に長女が生まれたこともあり、フルタイムで勤務するよりは、家で仕事をする方がなにかと都合が良くなった。そんな頃、編集者として働く妹から美術評論の翻訳の仕事が舞い込んだ。初めて活字になったのは、画家であり美術評論家であったジョセフ・ラヴが京都の龍安寺について書いたエッセイだった。この翻訳が気に入られ、以降、ラヴがどこかで何か書くたびに「翻訳は松岡和子という人に」と指名されるようになる。

翻訳したラヴの原稿の中には、版画家・池田満寿夫を論じたエッセイもあった。これを訳す中で、池田はもちろん、池田の当時のパートナーで中国系アメリカ人の画家リラン・ジーの知遇を得た。池田はニューヨーク滞在中にリランと恋に落ち、作家・富岡多恵子との暮らしに終止符を打ち、それまで築いたものを投げ打ってリランとの新生活を始めていた。大学時代に絵を描き続けていた和子は、たちまちリランの作品と人柄の虜になった。一九七〇年代、アメリカを代表する画家となるジョージア・オキーフはまだ日本では広く知られていなかったが、和子にオキーフの存在を教えてくれたのもリランだった。

一九七三年八月、和子はニューヨークに向かった。初めての海外、初めてのニューヨークだった。当時、子供たちは四歳と一歳。母をはじめ、信頼できる複数の人に子供たちを預けるローテーションをがっちり組んで飛行機に乗り込んだ。和子は満寿夫とリランのニューヨークの家を訪ね、リランを育んだニューヨークの街の空気を胸いっぱいに吸い込んだ。

弟が設計した自宅

子育てと翻訳と大学非常勤講師を忙しく掛け持ちしていた一九七五年、自宅を新築する計画が持ち上がる。設計を担ったのは、一級建築士の資格を持つ弟の毅である。

終戦の四ヶ月後、父が八路軍に連れて行かれた十日後に生まれ、満州から引き揚げてきた幸子に抱えられた体はすっかり痩せこけて、周囲に「死んでいるのか」と思われた、あの弟である。幸い、日本に戻ってきた毅はすくすくと育った。

中学卒業後、そろって都立豊多摩高校に進んだ二人の姉とは違う道を行くと宣言するかのように武蔵工業大学（現・東京都市大学）附属高校を選んだ毅は、そのまま内部進学して工学部建築学科に入学した。音楽を愛し、スキーにテニスにドライブに読書……学業の傍ら、青春を謳歌した毅は、卒業後、設計事務所に入り、スポーツを続けながら、施主の希望など制約がある中で様々な建物を手がけていった。世界的に有名な建築家でも、施主がいる限り、自分の好きなように建物を造れるわけではない。初めて思い通りに造れるのが自宅だった。それは和子の夫・松岡陽一が借りていた土地に、二世帯住宅の松岡家と自らの新居あわせて二棟建てるという大きなプロジェクトだった。毅は設計に没頭した。

落ち着いた木目と大好きなグリーンを基調とした、どこか山荘を思わせる毅の自宅は、一九七五年十一月に完成した。隣には揃いの真っ白な外壁にした松岡家の新居が並ぶ。その年の十二月に引越し。弟の隣家で、義母ツルを交えて暮らす和子の新たな生活が始まった。しかし、半年もしないうちに、悲運が一家を襲う。

一九七六年四月五日、毅が兄・淳一郎の事務所に電話をかけてきた。兄の友人である医師の診療所の電話番号を知りたいという。淳一郎は事情を聞いた。すると、「腹にかたまりのようなものができて、少し大きくなってきている。不安なので診てもらおうと思う」と言う。心配をかけたくないので両親と二人の姉には何も話していないという。

三日後、淳一郎は医師に会いに行った。すると、毅の病は「典型的な白血病（血液の癌）であり、脾臓の肥大は白血病による悪性腫瘍である」と告げられた。進行は遅いものの、処置の方法がなく、絶望的であるとの宣告を受けた。

当時は今と違って骨髄移植や臍帯血移植などの選択肢はなく、白血病は不治の病だった。翌々日には、医師らとの相談を踏まえて、脾臓の手術はしないことを決め、ホメオパシス（体のバランスをとる薬）と鍼治療を選択。淳一郎夫妻と二人の姉が相談し、本人には病名を伏せることを決めた。そして、体調が悪いことについて両親に伝えるかどうかは、毅本人の判断に任せることにした。

毅は、その二年前から異変を自覚していた。

一九七四年二月、スキーから帰って設計事務所に出勤したものの、両脚のリンパ腺が腫れて痛み、事務所の階段を這うようにしてのぼらざるを得なかった。その後、発熱して一週間欠勤。スキーの疲れが出たのだろうと自分で判断した。

翌年三月、スキーで膝に怪我をすると、今度は出血が止まらず、同じ頃、会社でふざけ合って膝小僧を蹴られると鬱血した。その年の暮れに発熱し、腹部にしこりを発見したものの、医者にかかるでもなく様子を見ることにした。だが翌年の三月になっても足のむくみはとれず、腹部のしこりも解消しない。そこに至って、毅は癌を疑い始めた。そこで、兄の紹介により医師の診察を受けることを決意したのだった。

手術しないことを決めてから、玄米食を中心とする食餌療法で体質改善を図ることになった。この食事の世話を担ったのは隣に暮らす和子である。

和子は毅の病気がわかってから、淳一郎に電話した。「十年間の目標でいきたい」。当時、治療法はない。でも、三十になったばかりの弟に、せめてあと十年は生きて欲しいと思った。

相談した医師によると、体質を変えるために大切なのは自然食であるという。主食は玄米、副食は野菜が主、ただし生野菜の葉はダメで根菜に限るという。動物性蛋白質は白身魚だけ。砂糖はほとんどとってはならないという指導だった。家族の食事と二種類作るのは大変なので、松岡家の食事は毅の制約にすべて合わせることになった。

六月はじめ、茂の誕生祝いをしようと、松岡家に家族が集まって会食した。毅は両親を心配させまいと何食わぬ顔を続けた。だが数日後、あまりの体調の悪さから、本人が白血病を疑い始める。この頃、重い病気の本人への告知は一般的ではなかった。医師は「バンチ氏症候群」と偽りの説明を続けたが、毅は兄に真実を問いただした。結局、淳一郎は毅が白血病であることを認めざるを得なかった。それでもなお、毅は両親には病名を伏せてくれと頼んだ。両親に心配をかけてはいけないというのは、きょうだい揃っての思いだった。

『未完のジグソーパズル』という私家版の本がある。和子はここに、毅が自分の本当の病名を知った夜のことを記している。

〈夜、十時、弟の家の扉が開き、閉まった気配がした。

「どうだった？　話の具合は。良い方に出たの？」

明かるい表情で大股に部屋を横切る弟を見て、私は迂闊にも「あ、お兄《に》マ（注・淳一郎の愛称）は隠しとおした」と思ったものだ。弟はそんな私をいたずらっぽく横目で見ると、ニヤッと笑い、

「お姉さん、知ってたんだって？」

私は虚を突かれてうろたえた。

「え？　何のこと？」

咄嗟に、カマをかけられているのかもしれない、と思ったから、私はまだシラを切り続けた。

「聞いたよ、お兄さんから。」

私はしばらく茫然としていた、と思う。

「飲もう」そう言うと弟は、一番高い棚の上から、背のびもせずにひょいと氷入れを取り、冷蔵庫の氷を出しはじめた。このサバサバした態度はどうだ。讃嘆と安堵（もう彼に対し嘘をつく必要はない）、当惑と哀しみ、いとおしさと尊敬が、ただもう無秩序に私の中で渦を巻く。

「あなた、いつの間にそんなすごい人間になっちゃったの！」

私は叫ぶように言って弟の両腕をつかみ、その体を揺さぶった。弟の顔に照れたような笑いが浮かんだ。その夜ふたりで飲んだウィスキーの味を私は忘れてしまったが、私より三年半あとに生まれたその男が、すでに私より遥かに遠くまで行きつき、こちらがいくらつま先立ちをしても到底かなわないほど巨きな人間になった、とまぶしい思いでその顔を見つめていたことは覚えている。

だがこの場合、疑惑の暗雲は晴れても、そこに青空がのぞくわけではなかった。コトバがしばらく途切れ、それまでうつむいていた私が目を上げると、弟は白いハンカチを出し、そっと涙をぬぐっていた。

「ああ、これからどうやって生きて行こうかなあ。」〉

いったんは気丈な顔を見せた毅だったが、翌々日には真実がわかった昂揚が薄れて目の前の現実に打ちのめされたのか、その精神は地に叩きつけられた。和子はこう記している。

〈それまで自分以外の人間には、いささかの弱みも決して見せたことのない男が、吼えるように哭いていた。私には、無言でその手を取り、傍らでただ涙を流すことしかできなかった。何時間もそうしていたような気がする。

が、打ちのめされた精神は、日がたつにつれ少しずつ、少しずつ、まるでノック・アウトをくった傷だらけのボクサーが、まずリングに手をつき、膝を立て、身を起し、奇跡的に攻撃体勢をとるように、立ち直ったのだ。〉

この日以降、毅が弱音を吐くことはなかった。

七月、鍼治療の後、初めての疼痛に襲われた。八月には一度、友人宅のパーティに出席することもあったが、二十九日にはまた激痛に見舞われた。三十日、三十一日も痛みに苦しみ、食べ物も喉を通らず、一睡もできない状態になってしまった。

そして、九月一日午前二時半、毅は母と二人の姉に見守られて息を引き取った。かすれた声で「お姉さん、僕、もう駄目だ……」という最後の言葉を残して。享年三十歳。自ら設計して新築した家に引っ越してわずか九ヶ月、白血病の診断を受けてから五ヶ月足らずの闘病だった。和子は「まるで自分の死に場所を作ったかのようだった」と振り返る。

隣に暮らして、毅の食事の世話などを引き受けた和子はその春、長男が小学校に入学し、長女は四歳になったばかり。夫の陽一はトヨタに転職して静岡県の裾野に単身赴任する中、同居する姑ツルに認知症の兆候が見え始めていた。仕事では、リラン・ジーの著書『余白のあるカンヴァス』の翻訳も進めていた（『朝日ジャーナル』に連載していたものを、この年の十一月に朝日新聞社より刊行）。育児と仕事に加えて、弟と義母の看護と介護……いったいどうやって日々の生活を回していたのか。この頃の日記を読み返すと、和子はそれだけで胸が苦しくなる。

『未完のジグソーパズル』は毅の一周忌に合わせ、両親である前野茂・幸子が発行人となり、兄姉が編集にあたり、知人友人が追悼文を寄せた本である。ここに幸子が記した毅の命の記録がある。第一章で紹介した幸子の手記もここから引用した。この手記からは、和子や薫がよく語る「いつも凜と背筋を伸ばした幸子さん」とは少し違う顔が見えてくる。

敗戦後の一九四五（昭和二十）年十二月八日、毅は満州国通化市東昌区興隆街二一四番地で生まれた。父・茂が八路軍に連行された十日後のことだった。主人《あるじ》を失い、自宅を追われ、三、四世帯が雑居する民家の一室での出産だった。

〈祝福という言葉からは凡そほど遠い苛酷な環境の中で、然し太ったよく眠る元気な赤坊でした。出産の翌日のこと、その家は明け渡せとの命令で、少し積っている雪の中を抱えられながらも歩いて他の家に移りました。数日後乳腺炎をおこし左乳を麻酔もなしでの手術というつらい破目になりました。〉

三歳の和子と二歳の薫を連れ、出産した翌日に極寒の満州の地で、乳飲み子を抱えて徒歩で移動しなければならなかったのだ。

〈幸い高熱も激しい痛みもなくなりましたがこの時を境にあれ程充分だった乳も片方だ

けに頼らねばならなくなりました。毅は片乳だけを命綱として引揚げて来たのです。「はじめて毅を見た時は雀の毛をむしったような赤坊でとても育つまいと思ったのに」と成長した彼を見ては里方の母がよく申したものです。〉

中国国内を移動させられ、幾度となく身の危険に晒されるような抑留生活が一年以上続いた後、一九四六年九月、三人の乳幼児を連れた幸子にようやく帰国の道が開かれた。だがその途上で、後に幸子が何度も「あのせいではないか」と自分を責めることになる「事故」が起きる。

〈途中九月十二日瀋陽市（元奉天）西区中国廠集中営に我々の部隊は泊ることとなりました。夜中フト眼をさますとそばに眠っている筈の毅がいません。製紙工場の跡で、母子四人に与えられた場所は丸太のようなもので柵がめぐらしてあり、その柵の間にはいだして地下（紙をすく場所）に落ちたのです。（中略）

不思議なことにどこにも怪我らしいものはなく大して泣いたような記憶が私にないのは、逆上してしまってそこまで注意がまわらなかったとも考えられます。毅の幼児期、少年期発熱すると必ずといってもいいくらい大変うなされ「大きなお山が落ちてくる」とか「大男が僕の上にかぶさってくるから眠るのが怖しい」など異常なまでのおびえ方をするので、若しやこの転落事故が原因しているのではないかと不安におののき苦しみ悩んだものです。〉

毅の白血病がわかってから、幸子はこの事故のことを口にしたという。「あれが原因ではないか」と。転落事故が白血病に関係するはずもなく、この出来事が発病につながるわけがないことは幸子とてわかっていたはずだが、母親とは「あの時、自分がこうしたから」あるいは「しなかったから」と、何かしらの理由を見つけて自分を責めてしまいがちなものだ。合理的ではないことを知りながらも、息子の早すぎる死に「説明」が欲しかったのかもしれない。

一九五六（昭和三十一）年八月八日、十歳だった毅はソ連抑留中の父にあてて、こんな葉書を書いた。

〈おとうさん　ぼくはうれしくてうれしくてたまりません。ぼくがならっている先生や、どうきゅうせいの人もよろこんでくれました。ぼくはおとうさんのかおは見たことはありません。時どきおかあさんやおねえさんからおもいでを話してもらったこともありました。ぼくはまいづるまでいきたいのですがおかあさんとおにいさんがいくのでぼくはいかれません。そのかわり品川までは、かおるちゃんやおねえさんたちといきます。おそらくよう太郎ちゃん（注・いとこ）もいくでしょう。

うちにかえるまではけがをしないようにじゅうぶん注意してください。

さようなら　毅

八月八日

おとうさんへ〉

幸子は追悼文集にこう記した。
〈昭和三十一年八月十九日は満洲国通化で生き別れてから満十一年振りに夫が舞鶴に上陸した日です。毅の右の手紙は東京新聞の記者が上陸前に乗船取材をするから一時も早く夫を喜ばせるようにと親切にも家族に手紙を書かせて預って下さったものです。この手紙が毅満三十年八ヶ月の生涯で父親に宛てた唯一無二、最初で最後のものになりました。〉

三十歳の毅の死。人生まさにこれから、というところでの死は一家を悲しみの底に突き落とした。追悼集に転載した知人への手紙で茂はこう書いている。
〈幸子は今迄に一度も肉親の死に直面した経験を持っていないので、今度の事は大変なショック。毎日々々思い出しては泣いている。近頃は食が次第に進まず全く食わないことが多くなった。泣くだけ泣かすより外仕方なく、二年もたてば悲しみも少しは薄らぐだろうと思うが、飯が進まぬとそれまでに毅の後を追うことになりはしないかと気をもんでいる始末です。〉

和子はずっと隣で見守り続けていた。食餌療法に取り組む間、庭伝いに手料理を届けた。弟に好きな人がいることも知っていた。自分で設計した瀟洒な家で一緒に暮らすことを夢見ていたはずだった。ある日、いつものようにご飯を届けると、毅は階段の一番上のところにポーッと座っていた。毅が号泣するのを一度だけ見たが、それ以降、苦しいとか辛いとか口にすることはなかった。それだけに、階段の上でポーッとしているのを見ると、何を考えているのだろうかと胸の内を思ううち、和子も苦しくなった。

引用してきた追悼集『未完のジグソーパズル』の表紙には、池田満寿夫に描いてもらった毅の横顔があしらわれている。毅の未完の人生は、家族がそれぞれの人生を生きる中で、今も続いている。

姑との関係

毅が病に倒れた頃から、姑のツルが認知症の兆候を見せ始めた。

ツルは一九〇九（明治四十二）年、福岡県小倉市（現・北九州市小倉）に生まれた。津田塾大学を卒業して、結婚。夫について満州に渡ったため、和子の夫・陽一が生まれたのも、満州国奉天市だった。だが、陽一が三歳のとき、夫・圭二が病気のために若くして亡くなってしまう。ツルは終戦前に陽一を連れて日本に引き揚げたため、松岡親子が満州で混乱に巻き込まれることはなかった。引き揚げ後、ツルは東京で英語教師となり、都立富士高校で定年を迎えた。

職を辞してからのツルは、自分の居場所を見つけるのに苦労した。

それ以前から、二世帯住宅で暮らすうちに、「陽一は和子さんにかぶれている」と息子に対して非難めいた言葉を口にするようになっていた。女手ひとつで育ててきた大切な一人息子を嫁に取られたような気持ちがあったのかもしれない。

　実家で暮らしていた頃、父や弟の散髪をしていた和子は、それが当たり前のことだと思い、深く考えることもなく陽一の散髪をした。そうした親しげな行為のひとつひとつがツルの気に障った。苛立ちが孫に向けられることもあった。一九八二年に東京医科歯科大学助教授に就任し、大学の仕事と翻訳と劇の評論が忙しくなってきた和子がたまに子守を頼むと、あからさまに嫌な顔をされることがあった。加えて、両家の親同士が一緒にヨーロッパ旅行に出かけた時に、英語教師のツルよりも、専業主婦に戻っていた幸子の英語の方が現地で通用したことがツルのプライドをいたく傷つけ、両家の間には隙間風が吹くようにもなっていた。

　ツルは定年になったら英会話や俳句、短歌を習いに行くのだと楽しみにしていた。ところが、実際に教室に入ってみると、いろいろなことが気に入らず、次第に足が遠のいて、孤独を深めていった。和子はその様子を見ていて、教師の老後は難しいものだと思った。大学ならば論文の提出などで他者の評価に晒される場面がある。だが、当時の高校教師は誰からも口を出されることなくクラスに君臨することができた。それに慣れていると俳句や短歌で他人に評価を下されるのがいちいち気に入らない。「先生、先生」と持ち上げられていたのとは違う境遇が意に沿わなかったのか、ツルは次第に内に籠るようになっていった。

それでは良くなかろうと、和子は翻訳の仕事を持ちかけた。新たな生きがいになるかもしれないと考えたのだ。ツルが「やってもいいわ」というので仕事を渡し、しばらく様子を見ていたが手をつけようとしない。結局、和子が取り戻して仕上げ、先方に納めた。

この頃の和子の生活はといえば、昼間大学に教えに行き、大急ぎで帰宅して子供と姑の夕ご飯を作ると、姑にあとを託して芝居を観に行く。子供たちが寝静まってから劇評を書いたり翻訳の仕事を進めたりした。

ある時、夕暮れ時によく出かけていく和子の姿を見ていた新聞の集金の男性がこう声をかけてきた。「奥さん、銀座のどこのお店ですか？」。当時、女性の夜の仕事といえば水商売くらいしか考えつかなかったのだろう。この話を聞いた幸子は「銀座でよかったわね」と、カラカラと笑った。

夫は単身赴任して週末しか家に戻らないなか、和子は必死で家族を守った。時には悔しい思いもした。ツルが病に倒れて緊急入院したとき、家での様子を聞かれた和子は「トイレは一人で行けます」と答えたが、入院した途端に体が衰えて一人では行けなくなってしまった。すると、理不尽にも主治医は「嘘をついた」と和子を詰った。たまたま院長が友達の夫だったものだから、これを訴えると、今度は主治医が「院長に告げ口をした」と恨む。姑を「人質」に取られている状態で喧嘩するわけにもいかず、それ以上の苦情は呑み込んだ。そんなことは数限りなくあった。

ほどなく退院したものの、ツルの体は弱り、認知症も着実に進んだ。それからの三年間、和子は分刻みで仕事と家事をこなしながら、姑の世話をした。当時、介護保険制度はなく、老人や病人の世話は家族がするものという考えが一般的だった。

ある日ツルの部屋に入ると異臭がする。元をたどると、壺の中に排泄物が溜め込んであった。愕然とするようなことが日々起きた。トイレットペーパーを取り替えてもあっという間になくなる。なぜだろうと思ってツルの部屋を調べると、きっちりと同じ長さに切って折りたたんだものが大量に押し入れに積み上げてある。気づかれないように少しずつ取り出してトイレに戻すようなこともあった。

洗濯だけは手伝いに来てくれる人がいたが、トイレや風呂の世話は和子でなければできなかった。ツルが他人の介助を許さなかったからだ。それなのに、世話をしてくれる和子に対してツルは悪態をついた。壁をどんどん叩いて「和子、出てこい！」と大声で叫ぶこともあった。

姑は壊れている。病気のせいで自分を失っている。これを言っているのはツルさんの人格ではない。いくら自分にそう言い聞かせても、酷い言葉を直接ぶつけられる和子の心が切り裂かれるのは避けられなかった。一連の出来事を和子は離れて暮らす陽一には打ち明けなかった。息子として悲しむだけだと思ったから。

三年間、こんな暮らしを続けた結果、和子の体が悲鳴を上げた。十二指腸潰瘍になってしまったのだ。明らかにストレスのせいだった。ここに至って、兄嫁が助け舟を出した。「和子ちゃん、もう十分に面倒を見たから、そろそろ施設に入ってもらおう。そうしないと、あなたが倒れてしまう」と。兄夫婦が施設を訪ね歩いて、ここならば安心と思える施設を見つけて入居の手配をしてくれた。

和子は介護用のベッドをレンタルして、その先も自宅で面倒を見る覚悟をしていたが、兄夫婦が介入してくれたことでようやく肩の荷を下ろすことができた。ツルは老人介護施設で晩年の三年を過ごし、一九八九年に八十歳で亡くなるまで、和子は陽一と共に毎週日曜日に訪問し続けた。

触れるとやさしさが流れる

そもそも認知症になる前から嫌な思いをさせられていた姑の世話など、自分はすることができるのか？　最初は和子自身が不安に思っていた。だが、結果的に和子は自分の体が壊れるまで姑の世話をした。どうしてそんなことができたのか？

高校生の頃に仲良しだった同級生の男の子が、『チャタレイ夫人の恋人』を読んで感動したと話してくれたことがあった。どういう言葉遣いだったか覚えていないが、「触れるとやさしさが流れる」というような表現があるのだと彼はいたく心を動かされていた。その言葉が和子の胸にずっと残っていた。のちに『チャタレイ夫人の恋人』を読んでも、どこを指しているのかわからなかったが、少なくとも彼はそう受け取ったということだと理解している。

ツルが施設に入るまでの三年間は過酷だった。でも、そんな暮らしの中でも、風呂に入れるためにツルの素肌に手を当てると、そこから「やさしさが流れて」いった。

入浴はお手伝いさんでは嫌だというので、和子が介助するしかない。弱々しい体に触れて背中を流していると、頭には厭な思い出が残っていても手からやさしさが生まれてツルの体に流れてゆく。和子はそれを実感した。ツルも和子の手から流れるやさしさを感じた。だから、他の人では嫌だと言い張ったのだと思う。若い人に話す機会があるときに和子は言う。「どんなに嫌いでも、まず触ってみて。そうすると温かいのよ。やさしさが流れるの。だから嫌いな人でもまず触りなさい」と。

介護を始めた時に、和子が決めたことがひとつあった。それは引き受けると決めたならば、嫌な顔をしないこと。かつて姑に子供の世話を託したとき、ツルは子守はしてくれるものの、露骨に嫌な顔をした。和子からすれば、そんな顔をされるとせっかく持っていた感謝の気持ちがなくなってしまう。その経験から、何かを引き受けるなら絶対にニコニコしてやろうと和子は決めた。ツルを反面教師として手に入れたその原則は、仕事においても、暮らしの他の場面でも貫かれている。

いわゆる嫁姑問題を味わった和子だったが、夫の陽一が一貫して和子の側に立ったことが救いだった。それがまた姑を嫉妬させることにもつながるのだが、陽一の姿勢は揺らぐことがなかった。

第四章

劇評・翻訳

All the world's a stage.

——この世界すべてが一つの舞台　『お気に召すまま』

和子が一冊だけ、ゴーストライターを務めた本がある。『有元利夫と女神たち』（美術出版社）。画家・有元利夫の作品とエッセイをまとめた大型本で、一九八一年四月に刊行された。目次の片隅に「編集　松岡和子」と小さくクレジットが入っているが、実態としては編集ではなく、和子が有元にインタビューして原稿を書いた。画壇の芥川賞と言われる安井賞を受賞したばかりの気鋭の画家・有元と長い時間を過ごし、幼少期から学生時代の思い出、バロック音楽との付き合い、有元の芸術観など、創作の背景にある彼の人生や思想を魅力たっぷりの文章で引き出している。

このお礼として有元が絵をプレゼントしてくれると言う。和子は大喜びで一枚を選んだ。そのあと有元は、和子の報酬を心配してくれた。「この仕事で美術出版社からいくらもらったの？」と。正直に金額を言うと、それは少ないからプレゼントした絵を売りなさいと言う。和子は現金よりも絵を手元に置くことを望んだが、有元は「また描いてあげるから」と言って画廊と話をつけてくれた。「また描いてあげる」という言葉を頼りに、和子は絵の代金を受け取って、それを元手にニューヨークへの旅に出た。しかし、有元はその四年後、三十八歳の若さで肝臓癌のために命を落としてしまう。

あの時、絵を手放さずにいれば、今頃、毎日家であの大好きな作品を慈しむことができたのにと惜しむ一方で、この時のニューヨーク行きで和子はある戯曲と運命的な出会いをしたことに深く感謝している。それは、キャリル・チャーチル作の『クラウド9《ナイン》』。

和子の翻訳家人生の中で唯一、自分から訳したいと切望した作品である。情報通の友達に「今、ニューヨークで観るべき舞台はなに?」と聞いたところ、推挙されたのがこの芝居だった。そして、期待を遥かに上回る感銘を受ける。同じくニューヨークでこの作品を観た舞台美術家で画家の朝倉摂も心を揺さぶられ、日本での上演のために奔走した。

戯曲翻訳の世界へ

『クラウド9』の説明に入る前に、和子を舞台の世界に誘ったもうひとつの運命の糸の話をしておきたい。和子が戯曲を翻訳し始めるきっかけをもたらしたのは、腹違いの兄・淳一郎のいとこだった。額田やえ子。劇作家で小説家の額田六福《ろっぷく》の娘として生まれ、映画雑誌の編集部を経て、テレビ映画の字幕や吹き替えの翻訳を始めたパイオニアだ。「刑事コロンボ」の「my wife」に「うちのかみさん」という名訳をあてた人である。

額田が訳したレジナルド・ローズの『十二人の怒れる男』やウィリアム・ギブソンの『奇跡の人』といった戯曲を出版していた劇書房は、もっと翻訳を依頼したかったのだが、額田は「刑事コロンボ」だけでなく「逃亡者」「刑事コジャック」「コンバット!」といった当時の大ヒット海外ドラマの吹き替え脚本を担当しており、それ以上の仕事を受ける余裕がなかった。そこで、額田が劇書房に紹介したのが和子だった。「私には隠し球がある」と言って。

残念なことに劇書房はもはや存在していないが、演出家でありプロデューサーである笹部博司が戯曲を専門とする出版社として一九七七年に創立し、当時、英米の新しい戯曲を見つけてきては翻訳・出版し、さらにそれを自社でプロデュースして舞台にかけるという活動を行なっていた。

英語の力があり、大学・大学院で戯曲を学び、舞台が大好きな和子は劇書房にとって得難い翻訳者であったに違いない。和子は次々と戯曲の翻訳を手がけた。戯曲を訳すのは、頭の中で原作を日本語にして演じるようなものだった。それはかつて演出の仕事にあこがれた和子にとって心躍る作業だった。

おもしろいことに、この時期に和子が手がけた現代戯曲の中には、『ハムレット』の端役が主人公になる『ローゼンクランツとギルデンスターンは死んだ』、シェイクスピア俳優の一人芝居『エドマンド・キーン』、『リア王』の舞台裏で進行する『ドレッサー』など、シェイクスピアに題材を取った作品がいくつもあった。結果として、部分的ながらシェイクスピアの戯曲を翻訳することになった。和子はよく「シェイクスピアから逃げても逃げても捕まる」という言い方をするが、こんな風に、行く先にはいつもシェイクスピアがいた。

この時期、子育てをしながら初級英語のクラスを受け持っていた母校・東京女子大で、恩師のコールグローヴ教授から「シェイクスピアの授業をやらないか」と声をかけられた。当然、和子は尻込みする。難しくて、とても自分にはできないと。すると、コールグローヴは言った。「難しく考えなくていい。シェイクスピアをPRすればいいんだよ」。広報活動ならできるかもしれない。和子は素直にそう思うことができた。訳すことも語ることも、すべてはシェイクスピアのおもしろさを知ってもらうための広報活動。その言葉は、この先もずっと和子を支えていくことになる。

話を『クラウド9』に戻そう。和子が長い翻訳家人生の中で唯一、自分から訳したいと手を挙げるほど惚れ込んだ作品とは、どのようなものだったか。イギリスの劇作家キャリル・チャーチルが書き一九七九年に初演されたこの作品は、一九八一年にニューヨークのオフ・ブロードウェイで上演され、批評家たちの絶賛を浴びた。和子が観たのもこの時の舞台だった。どんな物語なのか、和子自身が戯曲につけた訳者「あとがき」を引用する。

〈マカ不思議な芝居である。

第一幕は一八八〇年ごろのアフリカ、第二幕はそれから百年後のロンドンだというのに、登場人物は二十五歳しか年を取っていない。この二重になった時間のへだたりといい、男性が女役をやり、女性が男役をやり、人形が赤ちゃん役をやり（？）、大人の男が少女役をやるといったごちゃまぜの配役といい、頭も目もこんがらがってしまいそうだ。おまけに夫婦各々の姦通及び姦通もどき、少年愛、ホモセクシュアルやレズビアンなどの「関係」がからみ合って、ますますこの劇世界はややこしくなる。一見バカバカしいドタバタ調、これだけ複雑で錯綜した仕掛けをほどこしておきながら、しかし、作者キャリル・チャーチルがこの芝居にこめたメッセージは、実は意外なほど明快で真面目なものだ。

「らしさ」という厄介なしろものがある。女らしさ、男らしさ、子供らしさ、父親らしさ、学生らしさ……例をあげればきりがない。これがなぜ厄介かと言えば、一方で、こうした「らしさ」をまとっている限り、大した面倒も起さずに日々楽に生きてゆけるという反面、ひとたびある「らしさ」が自分にはどうしても合わないとなると、これほど窮屈で息の詰まるものもないからだ。また、場合によってはいくら窮屈でも我慢して身につけていれば、逆に体の方がそのお仕着せに合ってくるということもあるので、厄介さは倍加する。（中略）

ちなみに「クラウド９」という言いまわしは、もともとはアメリカ合衆国の気象庁が用いた気象用語である。雲の形状は九つのタイプに分類され、ＮＯ９は、真夏の抜けるような青空に地上三万フィートから四万フィートの高さに浮かぶ積乱雲（入道雲）を指す。ここから転じて、幸福感に満ちた高揚した気持、文字どおり「ハイ」な気分や感覚を意味するようになった。

そう、誰もが「クラウド９」の状態を求めている。だがそうおいそれと簡単にはゆかない。「らしさ」をまとっていても、脱ぎ捨てても――。脱いだままでは寒いし、第一心細くてたまらない。だから何か着なくてはならないのだ。かといって、いったん脱ぎ捨てたものをもう一度まとう気にはもうなれない。もっとも、時折ふと、その方が楽だったかなあと溜息のひとつも出るのだが――。

自分に似合う「らしさ」をさがし求めながら行き暮れている「私たち」を描くキャリル・チャーチルの目は、批評性に富み冷静だけれど、限りない共感がこめられている。〉

性の話題満載で、男女入り乱れて役を演じる挑発的な芝居ながら、「らしさ」という枠組みとの葛藤という普遍的なテーマを扱っており、ＬＧＢＴＱ的物語の先駆とも言える作品だ。これを一九八五年に舞台化したのが「劇団青い鳥」（演出・木野花）だった。このころ女性演出家の台頭めざましく、和子は快哉を叫んでいた。

一九八二年四月の『美術手帖』には、青い鳥の木野花、ＮＯＩＳＥの如月小春、３〇《さんじゅう》〇《まる》の渡辺えり子（現・渡辺えり）の座談会が掲載されている。司会に呼ばれたのは和子だった。かつて自分がやりたかった演出家の仕事。そこで才能を発揮する女性たちが、和子は眩しくて仕方なかった。自分と娘の世代の間にこういう頼もしい女性たちが現れた。この座談会の後、和子はうれしくて、興奮を冷ますために新宿の街を歩き回った。

ドラマ仕掛けの空間

一九八〇年代半ばまで、和子は子育てしながら認知症となった義母の世話をし、大学で教えて、さらに翻訳をして、劇評を書いている。

その頃の劇評やインタビューをまとめた評論集がある。和子にとって初めてで、これまでのところ唯一の評論集『ドラマ仕掛けの空間』（創樹社　一九八六年刊）だ。谷川俊太郎が寄せた序文には意味深長な言い回しがある。

〈喫茶店で、劇場のロビーで、街角で、松岡和子さんはいつも笑いかけながら私に近づいてくる。そしてその明るい笑みの中から言葉が溢れ出てくる。愚痴は聞いたことがない、人の悪口も聞いたことがない。いや聞いたことがあるのかもしれないが、それらもまた楽しみのひとつであるかのように語られるから、私は和子さんの苦しみや悩みに気づかない。苦しみや悩みがないわけはない、あんなにも忙しく飛び回っているのだから疲れることだってあるはずだ、それを人に見せないのは、多分彼女が「快楽する」人だからだろう。〉

このように、序文はいつも朗らかな和子の様子から始まる。そして、舞台を味わいつくそうという勢いで芝居に見入る和子を描いた後で、こう締め括られる。

〈和子さんが三百年ほど昔の片田舎に生まれていたらどうだっただろうと想像することがある。かすりの野良着は三宅一生に負けず劣らず彼女に似合ったにちがいないが、旅興行の一座にくっついて彼女が村を出て行くということも十分にあり得る。もしかするとそのほうが幸せだったかもしれないと思うが、現代の東京に生きる和子さんはその代わり毎晩のように芝居を見歩いて感想を綴る。あるいはそのおかげで、彼女は日々の生活に耐え得ているのかもしれないのだ。

都市は快楽の装置だ。都市自体が芝居と同じく私たちを騙る。和子さんは東京を、ニューヨークを、ロンドンを颯爽と濶歩する。騙られることの快楽に、明るく顔を輝やかせて。〉

谷川が見抜いたとおり、この時期の和子にとって舞台を観に行くことは、楽しみであり日々の糧を稼ぐことである以上に、自分を見失わないために必要不可欠な一種の逃避でもあったのかもしれない。

『ドラマ仕掛けの空間』に収められた最初の一編は、「騙《かた》りの魅力」と題されたエッセイ。舞台の上で役者がコップに入った水をかざして「これは海」と言えば、それは海になる。「ここは海」と両腕を広げれば、そこに水なんか一滴もなくても舞台が海になる。こうした「騙り」こそが演劇の本質的要素だと和子は説く。言葉と演技と想像力で、瞬時に「別世界」へ連れて行ってくれる演劇は、和子を嫁や母であることの義務から、ほんのひととき救い出してくれる解放の時間だった。冒頭に収録されたこのエッセイでこう書いている。

〈時間とお金があれば、場合によっては、無くてもひねり出して、まずもってそれを注ぎこんで見にゆくのは芝居。どうしても映画や美術や舞踏（いずれもとても好きなのだけれど）は二の次になる――こんな私に誰がした！　のかと言えば、芝居の騙りの魅力引力にほかならない。

　今日も今日とて、「またァ？」と言わんばかりの家族親類縁者のヒヤヤカな視線を背に浴びつつ、己れの想像力を共犯者とし、素晴しい騙りに引っかかりたい一心で、劇場に足を運ぶのです。〉

　どのくらいの頻度で劇場に足を運んでいたかといえば、一九八四年のエッセイにこう書いてある。

〈ひと月に少なくとも十本ほど芝居を見るのだが、要するにこういう満足と不満の波に身をゆだねているわけだ。〉

　傑作もあれば駄作もある。それらすべてを味わい尽くすように、和子は劇場に通った。

　おなじ一九八四年に書いたミュージカルの紹介の書き出しは、こんな具合だ。

〈三年ぶりのニューヨーク。

　正味ほんの十日余りの短かい滞在だから、時差ボケなどにかかっている暇もなく、またそんなゼイタクも許されず、すぐさま行動開始。マチネのある日は昼夜ハシゴをし、

結局十一本の芝居やダンスの公演を見てきました。〉

　この本がまとめられた時点で、和子が劇評を書くようになって五年。

〈芝居とか舞踊、彫刻や写真などの「表現されたもの」を体験して、それについて書くということを本気でやり始めて丸五年になります。もう五年なのか、まだ五年なのか——。〉

　唐十郎と李麗仙と状況劇場、野田秀樹と夢の遊眠社、ブリキの自発団、鴻上尚史と第三舞台、木野花と劇団青い鳥、渡辺えり子と劇団３○○……演劇ブームを牽引した人々が時代と格闘した産物を、和子は全神経を研ぎ澄まして受け止めた。また、中島みゆき、ニキ・ド・サンファール、三宅一生、田中泯、田原桂一ら、傑出した表現者の作品を評することで新たな光を当てていった。和子はあとがきにこう記している。

〈スーザン・ソンタグの『土星の徴しの下で』にはロラン・バルトへの追悼文が収められていますが、その中で彼女は、バルトのことを基本的に「讃美する者」だったと述べていて、それを読んだ私はむやみに感激したものです。そういう境地までは到達できなくても、せめて面白がりやではあり続けたいと思っています。〉

「讃美する者」であり「面白がりや」であるというのは、今に至るも和子の一貫した姿勢である。

和子は朝日新聞によく劇評を書いた。ほぼ同時期、月刊誌『文學界』で「芝居小屋・東西南北」という連載コラムを書いている。この連載は小学校の二学年下で近所の「坊ちゃん」だった評論家の川本三郎が『文學界』に紹介してくれたことで始まった。それにしても和子は一体どれほどの舞台を観て、どれほどの劇評を書いたのだろう。

芝居を評論するとはどういうことか。エッセイでこう書いている。

〈例えば私が一つの劇評を書いたとして、それはその芝居について書いているようだけれど、それを通して私も表現されているわけです。ですから、〝私はこうです〟と直接自分を表現するよりも、〝私はこう思います〟と何かに託して表現する形の方が、自分に向いているように思います。〉

芝居を愛してやまない和子は舞台を作り上げる人たちを心から讃美していた。だからこそ、少しでもいい加減さがのぞく演技や演出は許せなかった。時に厳しい批評を書いたこともある。それは、「厳しい評価を下す」という表現をすることで、自分を曝け出すことでもあった。

二〇二一年秋、芝居を見るために松本に向かう特急電車の中で、和子はその頃のことを思い出して、手帳にこう記した。

〈朝日新聞に劇評を書いていた頃ずいぶんキツいことを書いた。仲代達矢さんの『リチャード三世』、佐藤信さん演出・小日向文世さん主演の『ハムレット』、米倉斉加年さんの『リア王』……街を歩いていると後ろから刺されるかもしれないと思いながら、刺されてもいいやという覚悟で。なぜあんなに辛口になれたのか？「これを是としたら、私の何かが死ぬ」と思ったからだ。でも、「これだけキツいことを言うお前は、ちゃんとした仕事をしているか」という己へのつめ寄りもあった。〉
　相手に向ける刃には、同時に自分にも向けられる刃がついていた。

シェイクスピアに向かう運命の糸

　一九八六年、和子は東京医科歯科大学の教養部英語助教授から教授に昇格する。この大学としては初めての女性教授だった。学生の指導をしながら、子育て・介護・看護をし、翻訳をして劇評を書いているうちに、遠ざけていたシェイクスピアがいつしか和子にまとわりつくようになった。

　いかにしてシェイクスピア全訳をすることになったかは、和子本人が色々なところで書いたり語ったりしている。英語で言うなら“the rest is history”（あとはご存じのとおり）というところだが、そう書いてしまうと、この物語が終わってしまいかねないので、すでにご存じの方にもしばしお付き合いいただきたい。

　和子が講演などで語る「シェイクスピアからの遁走劇」をおさらいしておくと、東京女子大学のシェイクスピア研究会、通称「シェイ研」に入ろうとしたものの、難しくて尻尾を巻いて逃げた（しかし、『夏の夜の夢』のボトム役で呼び戻される）。劇団雲に入って自分の力不足を実感。シェイクスピアをきちんと学ぼうと東大大学院に入る。しかし、やっぱり難しくて、シェイクスピアと同時代を生きた劇作家ジョン・フォードの研究に逃げた。だが、フォードの作品にはシェイクスピアの影響が色濃くあった。やがて翻訳の仕事を始めると、シェイクスピアを踏まえた現代戯曲を訳すことになる。十九世紀のイギリスの名優の一人芝居である『エドマンド・キーン』では、演じた作品として『ヴェニスの商人』や『リチャード三世』が出てくる。芝居の舞台裏で繰り広げられる『ドレッサー』では表で続く演目として『リア王』が出てくる。『ローゼンクランツとギルデンスターンは死んだ』は、『ハムレット』の端役を主役にした物語だった。これらの作品を訳すとき、結局、元のシェイクスピア作品を部分的に翻訳せざるを得なくなる。かくして、和子の進む先には、手を替え品を替えシェイクスピアが姿を現すことになった――。

並行して、この時期に出会った人々が和子のシェイクスピア完訳に向かう道を開いていく。ひとりは、朝日新聞の演劇記者だった演劇評論家の扇田昭彦《せんだ》。和子の二つ年上で、アングラを含む小劇場運動を早くから評価し、応援し続けた。

もうひとりが、俳優で演出家の串田和美《かずよし》。吉田日出子らと自由劇場を立ち上げ、その後、Bunkamuraシアターコクーンの芸術監督、まつもと市民芸術館芸術監督を務め、俳優としての活躍と並行して演出家として次々と新たな作品を生み出している。和子と同い年で、互いに「同志」と頼みにする間柄だ。

そして、忘れてならないのが演出家の蜷川幸雄。彩の国シェイクスピア・シリーズ芸術監督に就いた蜷川が、この劇場でシェイクスピア作品すべてを上演するにあたり、和子の訳を使うと決めたことで、シェイクスピア三十七作品すべてを新訳するという遠大なプロジェクトは大きな推進力を得た。

この他にも、三作しか訳していなかった段階で「全部新訳して全集にしましょう」と言った筑摩書房の打越由理、大半の作品で謝辞を述べられている大学時代の恩師コールグローヴ、ちくま文庫シェイクスピア全集すべてに装画を描いてくれた安野光雅、和子の前に完全訳を成し遂げた坪内逍遥や小田島雄志ら、「功労者」を挙げればキリがないが、ここでは三人に絞って、それぞれが和子にどのような影響を与えたのかを書いていきたい。

●すべての扉を開いてくれた扇田昭彦

朝日新聞の演劇担当記者・扇田昭彦の名前はもちろん知っていた。とんがった劇評をよく読んでいたから、ヒッピーみたいな感じの人なのだろうと想像していた。ところが実際に会ってみると見かけは案外ふつうの記者だった。ＰＡＲＣＯ劇場が出す雑誌『劇場』に扇田は寄稿し、和子は海外からの原稿を翻訳していた関係で、編集者が開いたパーティで紹介された。扇田はかねて和子が訳すものを読んで「この人の翻訳には『文体』がある」と思って興味を持っていたという。演劇への情熱が接着剤となって、即座に意気投合した。

扇田はまだ市民権を確立していなかったアングラ演劇を積極的に評価した。新しいもの、おもしろそうなものがあると、和子を誘って観劇。その後、楽屋にも伴って、あらゆる演劇人を紹介してくれた。串田和美や蜷川幸雄を紹介してくれたのも扇田だった。初めて唐十郎の状況劇場に連れて行ってくれたのは柄谷行人だったが、二回目からは扇田が打ち上げに誘ってくれたおかげで唐十郎というずば抜けた才能にも間近に接することができた。

「すべての扉を開いてくれた」人だった。

そして、観劇のあとは感想を語り合った。和子にとっては見るもの聞くもの全部が新しい。一方の扇田は、和子の「フレッシュな視点」が自らの演劇観を広げてくれると喜んだ。「シェイクスピアをおもしろいと思わせてくれた」とも。

演劇界に導いてくれた師であり、芝居についてとことん語り合える同志であり、劇評を書く上では「この人が読んでいるから下手なことは書けない」と背筋を伸ばさせてくれる心の支えのような存在だった。

●楽しそうにクリエイトする串田和美

扇田が引き合わせてくれて、生涯の友になる一人が、俳優で演出家の串田和美だった。串田が演出と美術を担当し主演した自由劇場の『上海バンスキング』は、見事な芝居と音楽が合わさって日本演劇史に輝く足跡を残す「奇跡のような作品」（朝日新聞での和子評）。衝撃を受けた和子は、以来、串田の熱烈なファンになる。

その頃、『ぴあ』と並ぶエンターテインメント情報誌『シティロード』から演劇界の人々を取材する企画を任され、和子は串田をインタビューした。あれから約五十年、串田の印象は全く変わらない。芝居はもちろん音楽、絵、文章、何でもできる串田は、いつも楽しそうにクリエイトする。自由劇場、Bunkamuraシアターコクーン、まつもと市民芸術館、そして今、フライングシアター自由劇場、どこで何をしていても串田は常に仲間と楽しそうにしている。

劇団主宰者として、演出家として、芸術監督として、集客や経営面など苦労がないはずがない。けれど、それを表に出すことなく、串田は息をするように自然体で芸術活動をする。これぞ生きていること、と全身で表現するかのように。

その串田が和子にシェイクスピアの新訳を依頼した。一九八九年にオープンしたシアターコクーンの初代芸術監督に就任した串田は、毎年初夏に、まったく違うプロダクシヨンで『夏の夜の夢』を上演する企画を立てた。その第一回がシェイクスピアシアターの『夏の夜の夢』。古い田舎の小学校を舞台にしたものだった。横浜ボートシアターがやる年もあれば、ブリキの自発団の年もあった。そのトリとなる五年目の一九九四年五月、串田和美演出の『夏の夜の夢』がかけられることになった。その時、串田が和子に新訳を依頼した。

和子はそれまで戯曲の翻訳はしていたけれど、現代の英米の戯曲だった。それらを訳す過程でシェイクスピアの部分訳をせざるを得ない場面はあったものの、シェイクスピア作品全体を訳すのは、それとはまったく違う仕事だと考えていた。でも大好きな串田に声をかけられたからには、もう逃げも隠れもできない。和子は腹を括った。

何年も後になって、和子は聞いてみた。「あの時、どうして新訳のオファーを私にくれたの？」

串田の答えは、「せっかく『夏の夜の夢』をやるんだったら、まったくの新作戯曲をやるつもりで、自分もフレッシュな先入観のない気持ちでやりたい。そのためには翻訳も新しいのがいいと思って松岡さんに頼んだ」というものだった。のちに、「自分がやる時は同世代の松岡さんの言語感覚が欲しかった」とも語っていた。

これが、シェイクスピア全訳への第一歩だった。

●横顔を眺め続けた蜷川幸雄

一九八一年、和子は雑誌『新劇』に一本の劇評を書いた。「たくましいノスタルジア――『下谷万年町物語』」。唐十郎作・蜷川幸雄演出の芝居である。

劇評を書き始めて日が浅かった和子は、この時ひとつの大きな学びを得た。この劇評が出た後、唐十郎から一枚の葉書が届いた。「自分が戯曲を書き始めた時の気持ちを思い出させてくれる劇評だった」というような内容だった。ハッとした。言わずもがなのことながら、劇評家が芝居を評するように、作者も劇評する者を評価している。和子はうれしいと同時に「怖いな」と思った。

幸い、この劇評は蜷川幸雄にも評価された。

〈人は誰でも「現在《いま》」ではない「いつか」、「ここ」ではない「どこか」、「自分」ではない「誰か」、に対する思いを抱いている。

時間という空気を一気に抜いて、二十余年の歳月を遡る時、「ここ」がそのまま「どこか」になるという魔法を『下谷万年町物語』は見せてくれた。その中で主人公たちは必死になって「誰か」になろうとしていた〉

と始まるこの劇評の中で、和子は蜷川の演出をこう書いた。

〈たとえば各場面の強弱の振幅はどうだろう。言わば、ピアニシモからフォルテシモまでの大きな振幅だ。〉

これがお気に召したらしく、その後、蜷川が「ピアニシモからフォルテシモ」という言葉を使うのを和子は秘かにニヤリとしながら聞いた。やがて、銀座セゾン劇場でチェーホフの『三人姉妹』を蜷川が演出した時、パンフレットの対談相手として招かれたりするようになった。

蜷川の舞台が大好きになった和子は、その頃から「いつか蜷川さんと一緒に仕事をしたい。私の翻訳を使ってもらえたらうれしいなあ」と口にしていたが、当時は「見果てぬ夢」として語っているだけだった。

それがいかにして、彩の国さいたま芸術劇場のシェイクスピア・シリーズに繋がっていくのか。ここで、ひとりの重要な役者が登場する。

白石加代子。時に「怪優」という冠のつく実力派俳優だ。ひとつ違いの白石と和子は演劇関係者によく間違われるくらい顔が似ていたこともあり、とても仲が良かった。

ちょうど和子が串田のために『夏の夜の夢』を翻訳していた一九九四年、蜷川も『夏の夜の夢』の上演を準備しており、蜷川サイドから白石加代子にティターニアとヒポリタの二役のオファーがあった。和子は、かねてから蜷川の舞台で白石を見たいと切望していたが、当時、白石のマネージメントをしていた劇書房が小さな役だと勘違いして断ってしまった。和子はあわてて白石を訪ね、この二役が芝居のおもしろさを決する重要な役であることを説き、さらにこうも言った。「同じ時期に串田和美さんの『夏の夜の夢』が上演されるから、加代子が蜷川さんの舞台に出ても私には何の得もない。むしろ敵に塩をおくるようなものなんだよ」。この言葉が白石の心を動かし、白石のキャスティングが実現した。

この時、蜷川が使ったのは小田島雄志訳の『夏の夜の夢』なので、翻訳家としての和子に出番はない。だが、蜷川と白石の組み合わせを見ていたいばかりに江東区にあった劇場ベニサン・ピットの稽古場に足を運び、隅で小道具の花作りを手伝った。その際、串田のために訳しおろした『夏の夜の夢』を一部、蜷川に「お邪魔かもしれないけれど、良かったら読んでください」と言いながら手渡した。蜷川は「手に入る限りの戯曲を読むことにしているから、邪魔なことはない」と喜んでくれた。

そして翌九五年、セゾン劇場で『ハムレット』(真田広之主演)を演出する時、蜷川は和子に新訳を依頼した。これが彩の国さいたま芸術劇場のシェイクスピア・シリーズでの起用へと繋がっていく。

和子はいつも蜷川の隣に座って横顔を見ていた。個人的に親しくなったというのとは違うけれど、ある意味で常に至近距離にいた。正面切って話をするよりもむしろ蜷川が役者に注文をつけるのを横で聞いていて、その意図を推し測る。役者に向かって言われた言葉が訳者にとっても深い意味を持つことがある。だから蜷川の隣で耳を傾ける。

『トロイラスとクレシダ』の稽古場でこんなことがあった。トロイ戦争を背景に引き裂かれた愛の物語の中で、トロイの王子トロイラスが、焦がれるクレシダが他の男になびくのを目撃してしまった時の有名な台詞がある。「あれはクレシダであってクレシダではない」。信じていた人に裏切られた気持ちを表した台詞だ。稽古の時、主演俳優が緊張のせいかこれをうまく言うことができなかった。蛯川は厳しい口調で「もう今日の稽古はやめよう」と言い、俳優に向かって問いかけた。

「こういういい台詞を言うために役者になったんだろう？　こういういい台詞を言いたくても言えずに終わった役者がどれだけいると思うんだ。俺もそうだけど」

「俺もそうだけど」と加えるところが蛯川の凄さだと和子は思った。感動して、手元の台本にこの言葉を書きつけたほどだ。蛯川は注文をつける時に自分を安全地帯に置かない。俳優として自分は優れていなかったという自己認識を蛯川は隠さなかった。だからこそ蛯川の言葉は役者に響いたし、訳者にも響いた。

蛯川が「いい台詞」と言う時、それは訳者に向かっても発せられている。和子は「（期待に応える）いい台詞になっているだろうか」と自問せざるを得ない。こういう発見と学びがあるから、蛯川のそばを離れることができなかった。

事前に台本を詳細に検討するプロセスが少なく、最低限の読み合わせで立ち稽古が始まってしまう「蛯川式」の特殊性もあって、いつでも蛯川の疑問に答えて言葉を修正するなどの対応ができるよう、和子は毎回、稽古期間の半分以上、さいたま芸術劇場に通いつめた。蜷川からカットの指示が出されると、了承することもあれば、「このひと言は戻しましょう」と提案したり、カットの前後をつなぐ言葉を考えたりした。その共同作業のひとつひとつが和子にとっては喜びであり、学びであり、大きな刺激であった。

蜷川幸雄生前最後の公式な言葉になったと思われるインタビューで、和子は重要な言葉を引き出している。

二〇一六年、病に蝕まれ、車椅子に座って酸素吸入をしながらも、蜷川は『リチャード二世』を演出していた。この稽古が終わりに近づいた頃、和子は蜷川にインタビューした。シェイクスピア没後四百年を記念した国際シェイクスピア学会の企画で、演出家ジョン・ケアードや俳優ケネス・ブラナーらも寄稿した本『Shakespeare's Creative Legacies』のための聞き書きだった。

床を波幕で覆ったり、王冠を譲るシーンで王冠が飛ぶといった発想が次々と出てくるのはどうしてなのかと聞く和子に対して、蜷川はこんな風に答えた。

「僕のなかには世界を丸ごと把握したいという誇大妄想的なほどの欲望がある。（中略）シェイクスピアには全世界が入っていると思った」。「シェイクスピアが僕を解放してくれる。何やってもいいやって。シェイクスピアって枠なら何でもできるって思える。シェイクスピアに会えて良かったと思いますよ、僕は」

亡くなる数ヶ月前のインタビューだった。これが蜷川の最後のオフィシャルな言葉として残ったことは良かったし、それに自分が関与していたことが和子はとても誇らしい。

和子は言う。

「蜷川さんによって人生を良い方向に変えてもらったと感じている人が大勢いる。私もその一人。蜷川さんとの出会いがなければ、二十八年かけてシェイクスピア全戯曲を翻訳して舞台化に立ち会えるような人生を歩むことはなかった」

「シェイクスピア全集」を締めくくる『終わりよければすべてよし』の「訳者あとがき」の後に、追記として和子はこう書いて筆を置いた。

〈『終わりよければすべてよし』は彩の国シェイクスピア・シリーズの「トリ」であり、これをもってちくま文庫の「シェイクスピア全集」も完結する。この喜びと安堵とをいちばん共にしたいお二人――蜷川幸雄さんと安野光雅さん――は「旅立った者は二度と戻ってこない未知の国」(『ハムレット』三幕一場)へ旅立ってしまわれた。けれど蜷川さん演出のシェイクスピア劇の鮮烈さは私たちの記憶に刻み込まれ、安野さんの文字通り多彩な表紙絵はこの全集と共に在り続ける。お二人に変わらぬ敬愛と感謝を捧げます。〉

天寿を全うして――父の死

ここで時計の針を少し巻き戻す。和子がシェイクスピア全訳という大事業に取り組む少し前、日本中がバブルに浮かれていた一九八八年、父・茂が亡くなった。ソ連で辛酸をなめ、体を壊して帰国したにもかかわらず、幸いなことに帰国後は穏やかな暮らしを続け、九十歳の天寿を全うすることができた。

十一年間のソ連抑留を経て、一九五六（昭和三十一）年八月に帰還《ダモイ》を果たした茂は、入院生活を経て翌九月に東京簡易裁判所判事として職場復帰した。それから四年後、退官して公証人となる。国家公務員法上の公務員ではないが、法務大臣の任命を受けて公証事務（遺言や任意後見契約などの公正証書、私署証書や会社等の定款の認証など）を行う法律専門家である。日本公証人連合会会長も務めた。さらに調停委員など、法律に関わる仕事を続けた。

その傍ら、趣味の釣りを楽しむなど、平和な暮らしを慈しんだ。和子が結婚してからは婿の陽一を伴って釣りに出かけた。アジやカワハギを釣果として持ち帰ることもあれば、ベラなど「店頭には並んでいないような魚」を持ち帰ることもあった。料理が苦手な幸子に代わって、それを捌くのは和子の役割だった。

遠出することが難しくなると、今度は庭いじりを始めた。とりわけ大切に育てたのが、柔らかなピンク色のヘレントローベルという品種のバラだった。晩年、絵を描くことも増えた（絵は元々達者で、『ソ連獄窓十一年』が文庫になる前、単行本の『生きる屍』には自ら描いた挿絵が添えられている）。体が思うように動かなくなると、それでもできることを見つけて生きることを楽しみ続けた。和子は言う。「人生を無駄にするということはなかった」。

とはいえ、抑留中に何度も死ぬかもしれない思いを味わった体はあちこちに不調があった。「今年一杯のような気がするので遺言状を書いた」という記述がある一九八四年（実際に亡くなるまでにはここからさらに四年の歳月が流れた）の茂の日記を見ると、読書に勤しみ、原稿を書き、隣に暮らす次女一家をはじめ家族と往来しながら、知人とは便りや季節の贈り物を交換し、体に不安を覚えつつも充実した八十六歳の暮らしが浮かんでくる（以下、カッコ内小字は著者追記）。

一月十日

「文春配達」

（国民雑誌『文藝春秋』が近所の書店から「配達」されるのが楽しみだった昭和の知識人の暮らしの一コマがのぞく）

二月八日

「幸子に子供を預けて薫出勤。夕方まで隣の家で孫のお守り。余は自宅で読書」

二月十三日

「チェルネンコがソ連党書記長選出」

二月十四日

「アンドロポフ葬式」

日記のあちこちに世界情勢、とりわけソ連の出来事に触れた箇所がある。

二月十五日

「講談社から『ソ連獄窓十一年』（一）四刷、（二）三刷、（四）三刷、各一部送って来る」

（講談社学術文庫として刊行された抑留記は順調に版を重ねていたようだ）

三月五日

「『ジャパニーズ・マインド』（アメリカ人ジャーナリスト、ロバート・クリストファーによる日本人論。一九八三年のベストセラー）を読む。実によく日本人を理解し長所短所を描出しているのに驚嘆する」

三月九日

「文公堂でカッパブックを買う。つまらない」

三月十九日

「遺言状と付属文書完成　幸子に交付。眼がやられ耳がやられ腰痛に苦しみ脚力減耗著しく常にひよろひよろ――よくこれで生きてると思う。全く気力と好奇心で生きてるよう。今年一杯のような気がするので遺言状を書いた」

四月二十二日

「シンビナポレオンとニオヒエビネを大きな鉢に植え替え」

六月七日

「ＮＨＫラジオ夜九時半から六回にわたる和子の翻訳言葉の放送終了」

六月二十二日

「仏大統領ミッテラン訪ソ　宴席でサハロフ問題をソ連反対を押し切り主張」

（「ソ連水爆の父」でありながら、のちに反体制運動家、人権活動家となったアンドレイ・サハロフについて、ミッテランが話題にしたことに言及している）

七月三日

「二階で書物の想を練る」

八十代半ばにして、書きものの構想を練る姿勢は見事としか言いようがない。この翌年、『満洲国司法建設回想記』を自費出版している。

八月八日

「テレビを見ているうち気分悪く眼がくらみだしたので寝室に行こうとしたところ便通をもよおし便所に入る。大発汗。用便後歩行困難。幸子を呼び助けられて寝室へ。大発汗暫時続く。心臓その他何の苦しみなし。幸子の介抱中発汗おさまり朝まで就眠。例による脳貧血か脳血栓の始まりか。これで死ねれば楽なものと思う。死んで十分な年頃でもある。ただ原稿中絶が残念」

十月十七日

「孫　保育園より帰りオヂイチヤンの顔が見たいと寄ってくれる」

十二月二十二日

「本家からかぼちゃ、いも、じゃがいも等どっさり届く」「ソ連国防相ウスチノフ死去」

こうした記述の他には、小さな手帳にびっしりと家族の来訪、友人知人の消息、花の株分け、相撲の結果が書かれ、孫の守りをしたことや、菓子を買いすぎて「孫のためにならない」と幸子に怒られたこと、隣に住む次女一家の様子（パパが保育園の迎えを忘れたとか、ママが仕事でパパは子供を連れて外食）などが事細かに記録されている。頻出するのが、本屋に寄って本を買ったこと（芥川賞受賞作がつまらなかった、という記述もある）と、近所の「小出カメラ」にフィルムを出してはプリントを受け取りに行くこと。

だが穏やかな晴耕雨読の日々をつづった日記は、一九八八年一月十七日に途絶えた。翌十八日、全身が動かなくなって倒れ、病院に搬送された。救急車で運ばれる時、隣の家から駆けつけた薫に、「お母さんを頼んだぞ」と言い残した。癌が見つかって茂はそのまま入院。和子らは代わるがわる入院先の河北総合病院に見舞いに行った。

茂の死の直前、不思議なことがあった。薫が夫・萩原忠嘉を伴って見舞いに行くと、茂が「忠嘉君は病気だ」と言う。設計士として精力的に働いていた忠嘉は元気そのもので、病気の兆候などまったく見当たらなかった。にもかかわらず、茂はキッパリと病気だと言う。薫らは首を傾げながら帰ったが、二ヶ月後、忠嘉の目が真っ黄色になっていることに娘が気づき、緊急入院となった。進行した肝臓癌だった。忠嘉はそれからわずか四ヶ月後の十一月二十七日、四十五年の短い生涯を閉じた。

自らの死を意識するなかでも茂は幸子の身を案じ、婿の異変にいち早く気がついた。その観察眼と家族への思いやりは終生変わることがなかった。

一九八八年五月二十六日に息を引き取るまで、頭脳は明晰なままだった。一族の長として家族を守りつつ、常に理性的で穏やかで、本当に見事な生き方だった。

和子は思う。結果論でしかないが、抑留生活を経験することなく帰国していたら、父は男性優位の考えを保った人だったかもしれない。帰国直後に入院していた病院から外出し、娘たちが観たがっていた話題の映画「エデンの東」を家族より先に観に行き、「娼婦が出てくるから娘たちに観せてはならん」と幸子に書き送ってくる古風なところは残っていた。しかし、筆舌に尽くし難い十一年の抑留を経験し、生死の境を彷徨《さまよ》い、異国の空から家族を思い、その間、妻が女手ひとつで家族を支えた事実があるから、父は変わったのかもしれないと。

父が入院した一月から亡くなる五月までの間、和子は東京医科歯科大学で教鞭をとりながら、長男の大学受験と長女の高校受験の面倒を見、かつ老人ホームに入った義母の見舞いをして（手帳を見ると、老人ホームから父の入院先へと見舞いの掛け持ちをしている日が何度もある）、観劇して劇評を書き、ソ連出張（モスクワ、レニングラードに加えて、グルジア＝現ジョージア＝のトビリシ）をこなしている。どうやってこの日々を過ごしていたのか自分でもわからない。

父の死はもちろん悲しかった。「実はあまり細部を記憶していない」と語る和子だが、『すべての季節のシェイクスピア』にその時のことを記していた。

〈一九八八年の初夏、父が九十歳で亡くなった。朝早く、入院先の病院からまず母のところに容態の急変が伝えられ、母が私に電話をくれた。書きかけの原稿を大急ぎで仕上げ、ファックスで送り、来るべき時が来たという諦めに似た覚悟と、まだずっと先だと思っていたのにという無念さの入り混じった気持ちを抱え、病院へ急いだ。足音を忍ばせて病室に入ると、主治医と二人の看護婦さんがベッドを囲み、父に人工呼吸を施していた。すぐそばのソファには、身を固くして坐っている母と妹。

医師が私たちに向って静かに頭を下げた。

頭の下に手を差し込むと、うなじがまだ温かい。二日ほど前に見舞いにきたとき剃ってあげたゴマ塩髭がうっすらと伸びている。

……旧ソ連での戦犯としての長い抑留生活、十年余りのあいだ杳として分からなかった父の生死、ある日突然舞い込んだ往復葉書、米粒のように小さな字がびっしり書き込まれた往信、私たち子供にも一、二行ずつ与えられた返信用葉書のスペース、そして、それからほぼ一年後の釈放、帰国……。母と兄が舞鶴まで迎えに行った。ふたりに病身を支えられた父は、私や妹弟と品川駅で対面したのだった。まだ三つになるかならないかで別れ別れになった私にすれば「その人」は初対面も同然で、バツの悪さばかりが先にたっていたような気がするが、死線を越えての妻子との再会は、父にとってどんなに嬉しかったことだろう。〉

続けて、『リア王』を観たあと舞台の感銘を反芻しているうちに、父の記憶が流れ込んできた思い出が綴られている。

病室での父との最後に近い会話で和子がひとつはっきりと覚えている言葉がある。「別に最後というわけじゃないのに」と思いながらも、「達者で暮らすって、ちょっと古めかしくていい言葉だな」と思った。「じゃあまたね」と言って帰ろうとすると、茂は「達者で暮らせよ」と声をかけた。

父は存分に生きた。そう思う和子にほとんど悔いはないが、唯一心残りなのは、最後に酒を飲ませてやれなかったこと。茂は酒が好きでよく晩酌をしていた。病院でも飲みたがったが、和子らは「ダメよ。それだけは」と医者の言いつけを守って酒を禁じた。だが、今なら違う判断ができたと思う。人生の終わりが見えているなら、舐めるだけでも飲ませてあげれば良かった。茂は岡山の造り酒屋の三男坊だ。最期の一献はあっても良かった。和子は当時の自分の生真面目さを悔やむ。

その翌年、三年間自宅で介護し、三年を老人ホームで過ごした義母ツルが息を引き取った。八十歳だった。

「生きている側に軸足を」

夫を見送った時、和子の知る限り、幸子は取り乱すこともなく極めて冷静だったように見えた。結婚するつもりはなかったのに、思いがけず見合いで出会って「クラーク・

ゲーブルに似ている」と感じて恋に落ち、苦楽を分かち合ってきた相手だ。その死を嘆いても不思議ではなかったが、十分、ともに生きた手応えがあったのか、少なくとも娘たちの前で取り乱すことはなかった。その気持ちを推しはかることのできる幸子の言葉がある。

父を見送ったわずか半年後に夫の葬式を執り行うことになった次女の薫は、まだ幼い子供二人を抱えて、その先どうやって生きていくのか途方に暮れた。学生時代から良く知っていた大好きな夫を失って、死んでしまいたいとまで思い詰めているのが顔に出ていた。その時、幸子がこう言った。

「生きている側に軸足を置かないといけないのよ。そっち側に生きないといけないの！」

それは、夫の生死もわからない状態で、満州から幼な子三人を連れて引き揚げ、懸命に生きてきた幸子が、自分を鼓舞し続けた言葉だったのかもしれない。薫は目が覚める思いがした。さらに、最愛の夫を亡くして嘆く薫に、幸子はこうも語りかけた。

「『愛して失った方が、愛さなかった人生よりも素晴らしい』っていう詩があるのよ」

引用元はわからないが、英語の詩からの引用だったと薫は記憶している。娘に語りかけながら、幸子はおそらく自分にも言い聞かせていた。茂という大きな存在を愛した自分の人生を肯定し、祝福していたに違いない。後年、老人ホームに幸子を訪ねた薫は、

「私はお父さんだけだった」と惚気《のろけ》られて返事に困ったことがある。

ともあれ、この時の幸子の言葉は、いつにも増して薫の大きな支えになった。

人を好きになることについて、和子はこんな言葉を覚えている。

小学五年生か六年生の頃、「みんなに好かれたい」と言う和子に対して、幸子はこう言った。「私は自分が好きな人から好かれればそれでいい」。子供心に衝撃を受けた。

確かに幸子はそういう人だった。この人と思い定めた茂に好かれていればそれでいい。若い頃の幸子はモテていた気配があった。茂の生死がわからなかった間、近づいてくる男はそれなりにいた。でも幸子の気持ちが揺らぐことはなかった。「好きな人から好かれればそれでいい」という考えは、以来、和子の指針にもなった。


父を見送った翌年の一九八九年暮れ、和子は謎の激痛に見舞われた。全く筋肉を使っていないのに筋肉痛のような痛みがある。しかもそれが全身に。溶連菌の感染によるリウマチ熱だったが、診断がつくまで時間がかかった。通常、これにかかるのは三歳から十八歳の子供だからだ。

海外に旅する時、和子は出発から帰国までの記録を一冊のノートにまとめる。それと同じように、この入院の時の記録も一冊のノートに残されている。「両二の腕の痛みはなかなかのもの」といった症状や、「ステロイド投薬」といった診療の記録、見舞いに来てくれた人の名前などが書かれたページをめくっていくと、「RIII ActIV」と書かれた下に、「そんな殺生な。あの人が王の称号を！」と、芝居のセリフが書かれている。

この時、和子は『リチャード三世』を訳している最中だった。幸いステロイドが効いて痛みが少し引いてきたのをいいことに、電話がかかってくることもなく集中できる病室で、和子は手書きで翻訳を進めた。「彩の国シェイクスピア・シリーズ」の企画を担当するホリプロの制作担当者が毎日病室にやってきて、手書き原稿をピックアップしてワープロに打ち込んでくれた。結局、四幕と五幕を退院前に訳了した。訳の終わりには〈幕〉と記してある。「入院してから買ったボールペンは使い切った」とも。その翌日、原稿を受け取りにきたホリプロ担当者にビールを買ってきてもらって、一人で祝杯をあげた。

それまでも病院を抜け出して芝居を観に行き、見舞客が来てもベッドが空だったことがあったが、訳了の翌日、扇田昭彦主宰で月に一度開かれていた演劇懇話会の忘年会に出かけた時はついに病院の門限を破ってしまった。その日のメモ。

〈門限を破った寮生の心境。まずゲートの前でインターフォンに「開けてください。入院患者です」。（病棟に入って）看護師さんのツメターい眼にあって「事故届け出そうかって言ってたんですよ」云々。「お宅にも電話しちゃいましたよ」と言われる。〉

入院患者としてはあまり褒められた生活態度ではなかったようだ。

「いい施設を探してちょうだい」

茂を失ってから十六年、気丈に一人暮らしをしていた幸子だったが、九十五の声を聞く頃、自信をなくす出来事があった。クリーニング屋に行って帰ってきたら財布が見当たらない。店に戻って尋ねたが、財布は置き忘れていないという。結局、見つけることができなくて気落ちした。隣家に暮らす薫が仕事から帰ってくると、玄関に母の手書きの張り紙があった。「具合が悪くなったので、○○ちゃんのところにいます」。その知人の家に向かうと、幸子が一人ポツンと座っていた。

また、幸子は信頼していたケアマネジャーに勧められてある商品を買った。品物は悪いものではなかったし、法外な値段でもなかった。だが、ケアマネジャーが商品を斡旋するのは規則違反の行為であり、その人は失職した。何も悪くないにもかかわらず、幸子は自分が判断を誤ったのではないかと気に病んだ。

しばらくして、幸子は薫を呼んで、こう言い渡した。「お姉ちゃんと相談して、どこかいい施設を探してちょうだい」。自分で判断できるうちに老人ホームに入ると宣言したのだ。和子と薫は慌てた。寂しいのなら訪問の頻度を上げるし、家事が大変ならばサポートもする。ほどなく勤め先の定年を迎える予定だった薫は、「あと少しで定年になるから、そうしたら全力で支える。もう少し頑張ってほしい」と頼んだ。ところが、幸子は目を吊り上げて、「そういうことじゃありません！」と、強い口調で答えた。

娘たちは、母を世話するのは当然のことだと考えていたから、施設に託すことに抵抗感があった。だが、異変を自覚していた幸子の決意は固かった。

たしかに時折、言動が怪しくなることがあった。ある時は、「和子と薫に迷惑をかけるかもしれない」と言う。何かと思えば、「(富士の裾野の) 青木ヶ原に行って死んでしまうかもしれない。自分がそんなことをしたら、あなたたちに迷惑をかけてしまう」と言う。そんな妄想をしている自分を不安に思っていることが伝わってきた。加えて、茶碗ひとつ持ち上げて洗うのが辛いとも打ち明けられた。そこに至って母の気持ちを汲んだ姉妹は、新設の良い施設を見つけて、幸子を託した。施設内で誕生パーティを開いたり、外出も自由にできる、居心地の良いところだった。

手厚いケアを受けていたが、幸子が転んで骨折をしたことがあった。夜間、人を呼ぶのが悪いと思って一人で動こうとして転んだらしい。その時、和子は幸子の逞しい生命力に驚かされた。九十すぎて骨折すると治らないことが多いというが、幸子の骨からは回復を意味する「骨芽」がすぐに出てきたのだ。「この年齢でこんなに早く骨芽が出てくるなんてありえない」と医者に驚かれた。

施設に入ってからの幸子は、意識が比較的はっきりしている日もあれば、「家に帰りたい」「どうしてこんな意地悪をするのか」と娘たちを詰《なじ》るなど、認知症にありがちな気分の揺れを示す日もあった。和子と薫、それぞれの子供たち、和子の夫の陽一、兄嫁の博子らが代わるがわる毎日、施設を訪れた。互いに連絡を取り合うために、幸子の部屋に「幸子さんノート」が置かれた。このノートは十三冊にもなった。

これに加えて、施設のスタッフも記入した連絡ノートがある。その最後のページにこんな記録がある。

二〇一〇年四月二十三日

〈夜間はよく落ち着かれていました。9：25　様子をうかがいに「グッドモーニング」とあいさつするとしっかり目を開けて「I'm fine」と言ってくださいました。すごく反応よかったです。〉

幸子が時折英語を口にするので、スタッフも英語で挨拶することがあった。それに対して幸子が答えたのが、I'm fine。結果的に幸子がこの世に残した最後の言葉となったのは英語だった。和子はそれを直接聞きたくて、何度か英語で話しかけてみたが、幸子が反応することはなかった。

このやり取りから二十四日後の五月十七日、幸子は静かに息を引きとった。両方の手を二人の娘にしっかりと包まれて。享年百一歳。命からがら幼な子を連れて中国から引き揚げ、女手ひとつで子供たちを育て上げた、強くて、おもしろくて、厳しいけれどやさしい母は、和子と薫にとってあらゆる意味で人生のお手本だった。

第五章

シェイクスピアとの格闘

The readiness is all.

——覚悟がすべてだ　『ハムレット』

ここで改めて、全訳の旅が始まるまでの流れをおさらいする。

一九八九年、集英社の女性誌『SPUR』が創刊された。演劇評論家で東京藝術大学教授も務めた長谷部浩は当時、集英社で編集者をしていた。その長谷部が和子に、この新しいモード誌で「シェイクスピアについて書いてくれ」と言う。和子は「とんでもない。私はシェイクスピアの専門家じゃないし、何をどう書いたらいいかわからないから無理」と断った。すると、長谷部はこう返した。

「え、だって松岡さんはそのうちシェイクスピア劇を訳すんでしょう？」

青天の霹靂だった。確かにシェイクスピアは読んでいた。勉強もした。シェイクスピアを元ネタとする現代劇を訳すなかで「部分訳」はしていた。しかし、この時点では戯曲全体は一作も訳していないし、そんな野望も持ってはいなかった。

だが、『SPUR』が集めた執筆陣の名前を聞いて、その志の高さに共感した。自分がそこに交じって良いのだろうかと感じながらも、この月刊誌で書き続けるうちに、その原稿が一冊の本を作れるまでになり、連載から『すべての季節のシェイクスピア』が刊行された。一九九三年九月のことだ。版元は筑摩書房。編集者はのちに「シェイクスピア全集」の担当になる打越由理である。

時を同じくして、シアターコクーンの芸術監督を務めていた串田和美から翌年五月の上演のために『夏の夜の夢』を新訳してほしいと頼まれたのだ。新しい戯曲に取り組むつもりでやるには新訳で行くと決めた串田が、和子を指名したのだった。加えて、東京グローブ座からも『間違いの喜劇』を新訳してほしいというリクエストが届いた。上演はこちらが二ヶ月早い三月だったので、先に着手。わずか数ヶ月の間に和子は二作を新訳することになる。

『間違いの喜劇』を翻訳したのは、ロンドンでのことだった。海外研修の機会を与えられた和子は、友人のアパートを借りてロンドンに住み着いた。図書館に通い、芝居を観るのと並行して、仮住まいで翻訳に没頭した。数年後、この時のことを振り返った和子はエッセイにこう書いている。

〈いま思い返すと、正味一月かけた『間違いの喜劇』の翻訳作業は、地雷原をただもう無我夢中で突っ走ったようなもの。比喩は悪いがそれが実感だ。〉

これに続いて訳した『夏の夜の夢』を、和子はベニサン・ピットの稽古場で蜷川幸雄に手渡す。おそらくこれが、九五年の『ハムレット』の新訳オファーに繋がった。

『間違いの喜劇』同様、東京グローブ座からの依頼を受けて、九四年に『ロミオとジュリエット』を訳した和子は、せっかくなら活字で残せないかと考え、筑摩書房の打越に聞いてみた。「翻訳した『夏の夜の夢』『間違いの喜劇』『ロミオとジュリエット』の三作だけでも本にしてもらえないだろうか」と。すると、その願いが受け入れられたばかりか、いっそ全作品を新訳して、ちくま文庫で「シェイクスピア全集」にしましょうという思いがけない提案がなされたのだ。

苦しくも、やりがいのある長い旅の始まりだった。

そして一九九六年夏、東京グローブ座のアトリウムで蜷川に出くわした和子は、ここでまた、思ってもみなかった「宣告」を受けた。

「今度、彩の国さいたま芸術劇場で、僕が芸術監督になってシェイクスピアの全作品を上演することになった。ぜんぶ松岡さんの訳でやるからね」

シェイクスピアの全作品を訳す。その先には蜷川幸雄が演出する舞台が確約されている。和子がよく口にする「from page to stage（翻訳から舞台へ）そしてまた、from stage to page back again（舞台からふたたび翻訳へ）」――日本語になったシェイクスピアの戯曲が役者の身体を通って生きたものとなり、それがまた翻訳を磨き上げることにつながっていく――という循環がここで確立された。舞台稽古までに翻訳を間に合わせなければならないという締め切りのプレッシャーはあるものの、翻訳の先に素晴らしい舞台が用意されているという、戯曲の翻訳家としてこれ以上望むことができないくらい幸せな環境の中で、大きなプロジェクトが動き始めた。

自分が新訳する意味は何か？

串田から『夏の夜の夢』の新訳を頼まれたとき、和子にはためらいがあった。四百年前に書かれ、全世界で上演されてきた戯曲には、たくさんの先行訳がある。坪内逍遥が『ジュリアス・シーザー』を浄瑠璃風に訳して『該撒《シイザル》奇談 自由太刀《じゆうのたち》余波鋭鋒《なごりのきれあじ》』として出版したのが一八八四（明治十七）年。一九二八年には、逍遥自身が日本で初めてシェイクスピア全作品を完訳している。一九八〇年には日本人二人目として、小田島雄志が個人全訳を終わらせていた。

全訳を成し遂げたのはわずか二人にしても、『ハムレット』や『ロミオとジュリエット』などの人気作品に関しては、数十種の日本語訳が存在する。そんななかで、自分が新たに訳す意味とは何だろうか？　和子は考えざるを得なかった。

言葉が生き物である以上、翻訳が古びていくことは避けられない。だから、役者が口にしやすいように日本語をアップデートすることは必要だろう。ただ、それならば劇作家が既存の翻訳を元に言葉を修正すればいいのではないか。始める前はそう思った。まさか、原文の解釈をし直さなければいけないところがあるなどとは思ってもみなかった。ところが手をつけてみると、その「まさか」があった。

四百年前、まだ英語の表記や文法が「揺れて」いた時代に、散文に加えて「詩の言葉」でも書かれたシェイクスピアの戯曲を読み解くのは容易なことではない。だからこそ、大学時代、大学院時代の和子は尻尾を巻いて逃げ出している。その表現には、音韻、倒置、省略、掛け詞、言葉遊びなどのテクニックが駆使され、別の言語に置き換えるのはただならぬ労力を要する作業なのだ。

いく筋もの運命の糸にからめとられた和子が腹を括って、いざ全訳という難事業に取り組むと、少なからぬ作品で「新解釈」を出さなければならない状況に直面した。

その背景には、逍遥が全訳した後、全世界でさらに深められたシェイクスピア研究の成果や、情報化の中であらゆる資料を検索して即座にアクセスできるようになったという環境の変化もあった。

そうだとしても、先行する翻訳の解釈に異を唱えるには勇気がいる。大先輩たちに「違っていますよ」と言わなければならないのだ。和子は自分の解釈に揺るぎない根拠を求めた。

まず翻訳を始める前に、翻訳の底本にすると決めたもの以外にも、手に入る限りの英文テキストを取り寄せる。イギリスだけでなくアメリカで出版されたもの、大きな全集や単独の作品として出版されているもの、一作品につき十冊程度には必ず目を通す。

どういうことか？『テンペスト』の「訳者あとがき」に例をとる。

〈翻訳にあたり使用した原文テクストはフランク・カーモード編註のアーデン版が中心だが、解釈および脚注のために参照したのは以下の諸版である。スティーヴン・オーゲル編註のオックスフォード版、バーバラ・モワットとポール・ワースタイン編註のフォルジャー・ライブラリー版、ジャッキー・ヘッド編註のロングマン版、マイケル・テイラー編註のニュー・ペンギン版、ジョン・ラッセル・ブラウン編註のアプローズ版、ジョン・シーリー、ケン・エリオット、リック・リー編註のハイネマン版、ローマ・ギル編註のオックスフォード・スクール・シェイクスピア版、ピーター・ホランド編註のペリカン版、ヴァージニア・メーソン・ヴォーン、アルデン・ヴォーン編註のアーデン版（第三シリーズ）、藤田実編註の大修館版、アラン・ダーバンドによる現代英語訳（スタンレー・ソーンズ出版のシェイクスピア・メイド・イージーのシリーズ、原文との対訳になっている）。参照した先行訳は、坪内逍遥訳（第三書館「ザ・シェイクスピア」）、福田恆存訳（新潮文庫）、大山俊一訳（旺文社文庫）、小田島雄志訳（白水社）、工藤昭雄訳（集英社世界文学全集5）、高橋康也訳（東京グローブ座上演台本）である。

また、折りよく出版された『キャリバンの文化史』（アルデン・T・ヴォーン、ヴァージニア・メーソン・ヴォーン著、本橋哲也訳、青土社刊）も大きな助けになった。〉眺めるだけでため息の出るような長いリストだが、主だったものだけでも、これだけの『テンペスト』が存在するということだ。和子は漏れのないようにさまざまなバージョンに目を通した。

加えて、シェイクスピアがどんな古典や外国の物語を「元ネタ」としたかを記した研究書を踏まえて、その元の物語にも目を通す。

たとえば、歴史劇を書く上で参考にしたと学問的に裏付けられている年代記がふたつある。ラファエル・ホリンシェッドの『イングランド、スコットランド、アイルランド年代記』、エドワード・ホールの『ランカスター及びヨーク名門両家の統一』。研究書に「この人物は歴史上二人の別の人物だが、シェイクスピアは便宜上一人にした」と書いてあると、和子はそれを年代記の原文にあたって確かめた。そうすると、シェイクスピアが長いスパンの出来事を一瞬の出来事に変えているとか、歴史上出会うはずのない人物が出会って熾烈な戦いをしている物語に改変しているなど、新たな発見があって、これはこれでおもしろかった。

しかし、従来の解釈が「正しくない」と判断できても、何が「正しい」のか決着するわけではないケースもある。シリーズ最終巻となった『終わりよければすべてよし』の「訳者あとがき」で、和子はこう書いている。

〈本訳の底本にしたのはSuzanne GossettとHelen Wilcox編注のアーデン・シェイクスピア版第三シリーズだが、本文の解釈や脚注作りのために九種の原文テクストを参照した。それらの注釈が原文解釈の頼みの綱なのだが、本作ほどその注釈のなかにperhapsやmaybe（どちらも「たぶん」とか「かもしれない」の意）という語が挟み込まれたり、注釈の文末に（?）が付されたりする語句や文章が多い作品は初めてだった。〉

つまり、シェイクスピアを解釈するのは果てしのない旅なのだ。和子自身の解釈の更新はシェイクスピア全集完成の後もつづいている。全国各地で上演されるシェイクスピア劇の稽古につきそううち、俳優たちの言葉に触発されて重版の際に手直ししたこともあれば、『ヴェニスの商人』についてベンチャーキャピタリストと語り合ううちに、新たな解釈に気づいて手を入れたこともある。

夜は明けるのか明けないのか

従来の解釈に異を唱えるのは勇気を要するが、和子には「シェイクスピアが書いたままに」訳そうという揺るぎない決意がある。たとえば『マクベス』第四幕第三場最後のマルカムの台詞。

The night is long that never finds the day.

従来、ほとんどの翻訳が「どんな長い夜もやがては明ける」という趣旨の解釈をしてきた。だが和子はその訳に違和感を覚えた。ここは、妻子を惨殺されたマクダフの悲嘆を目の当たりにしたマルカムの台詞であり、そう易々と希望の言葉を口にする場面ではない。何より、純粋に英語の意味をとると主題は「The night is long ＝夜は長い」のである。どんな夜が長いかといえば後半の修飾節「never finds the day ＝朝を見つけない」夜が長いと書いてある。つまり、「明けない夜は長い」のだ。

『マクベス』上演のためにイギリスから来日した演出家のデイヴィッド・ルヴォー、舞台美術のヴィッキー・モーティマー、あるいはイギリス・ウォリック大学のシェイクスピア学者ロニー・マルライン教授ら、和子は知り合いの英米人十数人に意見を聞いてみた。「明けない夜はない」という希望的解釈に賛同したのは一人だけだった。日本人が楽観的なのか、それとも冬のスコットランドよりも日本の夜明けが早いことが関係しているのか……なぜ、解釈が逆転してしまったのかはわからないが、勇気を奮って解釈を改めることにした。

その時、ひとつの拠り所になったのは坪内逍遥訳だった。「永久に明けないと思えばこそ夜が長いのである」と訳していた。日本で初めてシェイクスピアを完訳した逍遥は、元の英語に書かれた通り「夜が長い」と解釈していた。

和子はこの問題にこだわり続けている。最近も、シェイクスピアの生地ストラトフォード・アポン・エイヴォンにあるバーミンガム大学シェイクスピア・インスティテュートの特別研究員、千葉ジェシカに意見を求めた。千葉は「find が鍵である」、つまり夜が朝を探している擬人化のイメージから、朝を見つけられない夜は長いという解釈を支持してくれた。

こういう場面に遭遇するたびに和子は思う。シェイクスピアは練りに練った台詞を残している。であるならば、できるだけシンプルに、シェイクスピアが書いた通りに、原作と同じ価値のある状態で日本語訳を残していかなければならない、と。

女性キャラクターの言葉遣い

こうした解釈のアップデートが発生すると考えていなかった時点でも、自分にシェイクスピア訳の「番が回ってきた」のならば、ぜひこれだけはやりたいと考えていたのが、女性の登場人物の言葉遣いを修正することだった。先行訳はほとんどすべて男性の手によるものだったこともあり、「〜ですわ」「〜かしら」調の、いわゆる「女ことば」が多かった。書き言葉で性別を表すには便利な「女ことば」だが、実際に現代の俳優が口にするには「居心地が悪い」ものがある。戯曲を読む人にとっても、演じる人にとっても、芝居を見る人にとっても腑に落ちる、納得できる言葉遣いにしようと考えた。

これは単に表現の問題ではなかった。たとえば『ロミオとジュリエット』の有名なバルコニーシーン（第二幕第二場）。原文ではジュリエットがロミオに対して「対等な」言葉で話しているにもかかわらず、旧来の翻訳ではジュリエットが過度にへりくだった態度に描かれていることが多かった。女性は男性を立てるものという古い日本の社会規範のなせる業だったのだろうが、これでは原文を正しく翻訳して伝えることにはならない。和子が講演で使う資料を元に、ジュリエットの言葉がどう変化してきたかを見ていこう。

（原文）
If that thy bent of love be honourable,
Thy purpose marriage, send me word tomorrow,
By one that I'll procure to come to thee,
Where and what time thou wilt perform the rite,
And all my fortunes at thy foot I'll lay,
And follow thee my lord throughout the world.
（thou・thy・thee は、you・your・you の古い英語）

　まずは坪内逍遥訳。『沙翁全集　逍遥訳シェークスピヤ全集』（一九二八年に全四十巻完結した全集の復刻版）から。

〈これ、お前の心に虚偽《いつはり》がなく、まつこと夫婦《めをと》にならうとなら、明日《あす》才覚《さいかく》して使者《つかひ》をば上げうほどにな、何日《いつ》何処で式を挙ぐるといふ返辞をして下され、すれば妾《わたし》の一生の運命をお前の足下に抛出《なげだ》いて、世界の如何《どん》な端《はて》までも殿御《とのご》のお前に随いてゆかう。〉

　ちょっと浄瑠璃風ではあるが、言葉遣いは丁寧なだけで、案外へりくだってはいない。ただ、ロミオが「ジュリエット」と呼び捨てなのに対し、ジュリエットは「ロミオどの」と呼びかける。

一九一五年の久米正雄訳。

〈あなたが心から恋しいと思つて下すつて、結婚をお望みなのが真実なら、明日どうかしてあなたの処へ使ひをやりますから、何処で何時式を挙げるといふ返事をして下さい。さうすればすべて私の運命をあなたの足下《あしもと》に投げ出して、世界のどこの果てまでも主人のあなたに従いてゆきます。〉

ロミオへの呼びかけは「ロミオさま」に格上げされている。

続いて一九六四年の福田恆存訳。

〈もしそのお気持ちに偽りなく、結婚して下さるお積りなら、明日差向ける使ひの者にお返事を、いつどこで式を挙げて下さるか、そのお言葉さへ伺へれば、この身ともどもも持てる物すべてをあなたの足下に投げ出し、世界中いづこへなりとお伴致しませう。〉

深窓の令嬢風ではないか。

一九八三年の小田島雄志訳は、こうなっている。

〈もしあなたの愛のお気持がまことのものであり、結婚ということを考えてくださるなら、明日あなたのもとへ人を送りますからご返事を、どこで、いつ、式をあげるか知らせてください。

私は私のいっさいをあなたにさしあげます、
私はどこへなりともあなたのあとについて行きます。〉
ロミオ、ジュリエットともに敬称なしで呼びかけている。
そして一九九六年の松岡和子訳。
〈あなたの愛に偽りがなく
結婚を考えているのなら、明日どうにかしてあなたのところへ
使いを出すわ、どこで、いつ式を挙げるかをことづけて。
そうしたら、私の何もかもをあなたの足元に投げ出し
世界じゅうどこへでも私のだんな様について行く。〉
あと少しで十四歳のジュリエットが口にして不自然でないセリフはどれだろうか。
和子は朝日新聞のインタビューでこう答えている。
〈(『ロミオとジュリエット』を) 3作目でやらせてもらって、よかったんですよ。随分後だったら、あれほど強烈に「これはダメだ、男に任せておけない」とまで感じなかったかなと。〉
さらに、こんなことも語っている。
〈二人だけで初夜を過ごして、ロミオが帰る間際に言うloveを「大好きだよ」って訳

したんです。そしたら、私の訳で最初にロミオを演じた上杉祥三さんが「これ、ギリギリだね」って言ったんですよ。つまり、シェークスピアの言葉としては、今に寄り過ぎちゃいけない、だけど「愛しい人」「恋人よ」って言ったら硬くて日本語にならない。それから、シェークスピアを訳すときは「ギリギリ」を走り抜けていこう、ってなったかな。〉

ギリギリを走り抜ける——和子らしい表現である。「ロープの上を駆け抜ける」という言い方をすることもある。

ギリギリといえば、心理学者・河合隼雄との対談集『決定版 快読シェイクスピア』（新潮文庫）に、こんなやりとりがある。

〈松岡 （前略）今回の私の翻訳に取り柄があるとしたら、今までの翻訳の中で一番その猥褻さを生かしている点だと思います。一番品がないかもしれない（笑）。
河合 「誤植にあらず」と書いてある部分があって、感激しましたが（笑）。
松岡 そうなんです。「穴があったら入れたい」とマキューシオに言わせているのを、ゲラが返って来た時に、校正の方がクエスチョンマークをつけていたんです。「入りたい」ではないかって。それで、こうこうの理由で誤植にあらずと、註に書いたんです。〉
（注「こうこうの理由」とは、『ロミオとジュリエット』の台詞に出てくる「道化の持つ短い杖のようなもの」が男性の性器を連想させることから、ここはマキューシオ一流の品の悪い冗談なので「穴があったら入りたい」ではなく「入れたい」とした、というもの。）

シェイクスピアの追体験

シェイクスピアを訳すにあたって、和子にはひとつの流儀がある。印刷が終わって用済みになったA4コピー用紙を半分に切って、メモ用紙としてためておく。そこに、太くて柔らかいBの芯を入れたコクヨのシャーペンで手書きしていく。

翻訳文を書くのではない。原稿を打ち込むのはパソコンだ。では何を書くか？　引っかかる原文を、手書きでこの裏紙のメモ用紙に書いていくのだ。まるで数式を整理していくように、何度も書き直しながら、和子はシェイクスピアの言葉の意味を探っていく。たとえば、『ハムレット』の次のセリフ。章扉に載せた“The readiness is all.”のあとの部分だ。

Since no man, of
aught he leaves,
knows,

what is't
to leave betimes?

aught は現代の英語だと anything にあたる。
is't は、現代の is it と同じなので、現代の英語に直して手書きする。

Since no man, of
anything he leaves,
knows,

what is it
to leave betimes?

次に、飾りの言葉を省いて、「誰がどうした」の主語・述語を切り出してみる。

Since no man knows,

誰も知らない。何を知らないのかというと、of anything he leaves＝残したものについて。平易な英語に書き換えると、Since a man knows nothing of anything he leaves となる。和子はこれをまたいつものシャーペンで書く。

Since a man knows nothing
of anything he leaves,

what is it
to leave betimes?

betimes は早めに、とか余裕を持って、という意味。直訳すれば「早めに去る」とは何を意味するか。前後の文脈も踏まえ、和子の訳は次のようになる。

生き残した人生のことなど誰に何が分かる。だったら、早めに死んでも同じことだ。

この「生き残した人生」という独特の言い回しについて、和子は講演でこう語っている。

「『彼が残していく何かについて』というのが直訳だけれど、この〈生き残した人生〉って、わりと自分ではいい言葉が見つかったなと思って気に入ってるんです。

意味は分かってもそれにピッタリな日本語はなかなか出てこない。出てきたとしても劇言語になるかならないかは大きなこと。

what he leaves ＝『残すもの』となった時に浮かんだのが、『食べ残し』だったんです。食べられないで残るもの。『食べ残し』という言葉が浮かんだ時、あ、『生き残し』って。あまり言わないけれど、多分誰が聞いてもすぐ分かってくれる。生きていればああだったろう、こうだっただろう、というようなことって多分、自分が死ぬ時でも考える。『惜しい人を亡くしました』という言葉がよく使われます。なぜ惜しいかというと、その人が生きて残っていてやったであろう、成し遂げたであろうことがなされずに終わってしまった。それが残念だから『惜しい人を亡くしました』という言葉になるのだと思います。ですからこの〈生き残した人生〉というのは、私、自分を褒めています。『よく思いつきましたね』という感じです」

このようにして、昔の英語を今の英語に直し、順序が逆になっているものを普通の語順に入れ替えて、意味をとっていく。その上でもっとも相応《ふさわ》しい訳語を探る。その度に、何度も何度も手で紙に書く。それは頭の整理であると同時に、シェイクスピアの追体験でもある。

四百年前、当然ながらワープロもパソコンもない時代、シェイクスピアはすべての作品を羽根ペンにインクをつけて手書きした。自分を悩ませる言葉を手を動かして頭に伝えることで、シェイクスピアの頭の働きを追体験できるのではないか、追体験したい、和子は毎回そう考えながら繰り返し原文を手書きする。

この話をするとき、こう言い添える。「私はシェイクスピア本人以上に彼の文章を手書きしています」と。ジョークではない。

シェイクスピアと向き合うための「頭がまえ」

そもそも、四百年前の英語で書かれたシェイクスピア劇を、今を生きる私たちの日本語にしていくとは、いったいどのような作業か。その難しさを和子は完訳全集シリーズ第一巻『ハムレット』の「訳者あとがき」でこう書いている。

〈一九九三年、初めて翻訳を手がけたシェイクスピア作品は、初期の喜劇『間違いの喜劇』である。その後、『夏の夜の夢』『ロミオとジュリエット』を訳す機会に恵まれた。そして『ハムレット』。本シリーズではこれが第一巻になる。

翻訳というかたちでシェイクスピアに向き合う際の、私なりの心がまえ、というか頭がまえができてきたのは、『ロミオとジュリエット』を訳していた頃だろうか。その「頭がまえ」を書いてみる。

シェイクスピア劇の台詞は、多義的な意味のレベル、そこに込められたイメージのレベル、そして音韻的な興趣のレベル（アクセントによる強弱のリズム、長母音と短母音の組合わせ、脚韻、頭韻、語呂合せ）といった多層から成る。あるいは、それぞれのレベルを糸に見立てれば、この三つがより合わさってひとつのフレーズなりセンテンスになっていると言ってもいい。〉

難しいのは、このすべてを満たす翻訳をするのは現実的ではないということだ。戯曲は演じられ、耳で聴くだけで客が理解できなければいけない。意味と音と言葉遊び、そのどれを活かしてどれを諦めるのか、翻訳作業は苦渋の選択と断念の連続だ。

だからこそ、坪内逍遥や小田島雄志らの手による先行訳は指針を与えてくれた。同じあとがきで、こうも書いている。

〈先人の研究・訳業がなければ、ただの一場を訳すだけでも手も足も出なかったろう。〉

意味、イメージ、音韻的な面白さの三本の糸がうまく撚り合わさった例としてよくあげるのが、『夏の夜の夢』のボトム（東京女子大で和子が演じた役）の台詞。

妖精パックのいたずらでロバ頭にされたボトムは、夜の間に起きた不思議な出来事を歌にしてもらおうと考える。そのタイトルは「ボトムの夢」。

原文はこうだ。

It shall be called 'Bottom's Dream', because it hath no bottom.

bottom の一義的な意味は「底」。敷衍して「根拠」という意味にもなる。だから、意味を追うならば、「歌の題は『ボトムの夢』がいい。なぜなら、根拠がないから」。イメージとしては底が抜けて空っぽの状態。そして、音韻としては自分の名前と同じ音の単語で遊んでいる。当初、言葉遊びの糸をうまく織り込むことができず、演出家の串田和美に渡した最終稿に書かれた訳は、「だって底無しの夢だからな」。自身、まったく納得していなかった。結局このシーンは時間と演出の都合でカットされ、役者の口に台詞が上ることはなかった。

芝居の幕が上がってからも考え続けた。もっといい訳はないものかと。すると千秋楽の前の夜、ベッドに入ってうつらうつらしていた時に閃いた。

「だって、ぼうっと虚しい夢だからな」

ボーットムナシ＝ぼうっと虚しくて、ボトム（底）無し。意味とイメージと言葉遊びがピタリとハマった。打ち上げの時に、この新訳を発表すると、串田は笑いながら再演ではカットしないと受け合ってくれた。

読むと訳すとは大違い

シェイクスピアと格闘する旅は続いた。

『間違いの喜劇』『夏の夜の夢』『ロミオとジュリエット』『ハムレット』『マクベス』『リア王』の六作品を訳した時点で、和子はこう書いている。

〈そもそも翻訳というのは実に野暮ったい作業です。原文の一字一句をあてでもないこうでもないと考えて、何とか等価の日本語にする。相手がシェイクスピアともなれば、それは、言わば地を這う虫が、木の葉の葉脈をたどることから始めて森の全貌を摑もうとするような、あるいは紙魚《しみ》に変身して大部の書物を読もうとするような、そんなシコシコした作業だからです。戯曲の翻訳の場合は、舞台での上演が前提ですから、訳語が俳優の口に乗りにくくてはいけないし、観客にも耳を通して届くようにしなくてはなりません。

読むと訳すとは大違い――シェイクスピア作品6本を訳した現時点での私の実感です。〉(『シェイクスピアへの架け橋』東京大学出版会)

『ハムレット』にも、訳して初めてわかることが山のようにあった。

『ハムレット』といえば、読み通したことのない人間でも耳にしたことのある有名な台詞は、"To be, or not to be"。

坪内逍遥の「世に在る、在らぬ」、福田恆存の「生か、死か」、あるいは小津次郎の「やる、やらぬ」、そして小田島雄志の「このままでいいのか、いけないのか」という先行訳を前にして、途方にくれた。この問いを含むハムレットの独白三十五行に関しては、他の台詞に関するものをはるかに凌駕する膨大な注釈が存在する。それほど世界中の研究者がその意味をめぐって頭を悩ませてきた。

和子は「とぼとぼと手探りするような気持ち」で、この独白三十五行を行きつ戻りつ考えた。そのうち、あることに気づく。「この独白には、主語が一人称単数の文がない」。Iは皆無。meもなく、わずかにmyが最後に一ヶ所、恋人オフィーリアに呼びかけたあとに出てくるのみ。つまり、この独白は、自分のことを語っているのではなく、人類存亡の大きな話なのではないか。

福田恆存の「生か、死か」は、簡潔さ、言葉の強度という点で原文の見事な置き換えに思えた。だが、和子はここで「死」という単語を使わないと決めていた。なぜならシェイクスピア自身が「死」という単語を四行先まで使っていないから。原文に書かれていないものを翻訳で先取りしてはいけないと考えたのだ。

結局、訳はこうなった。「生きてこうあるか、消えてなくなるか」。

「読むと訳すとは大違い」については、シリーズ最終巻となった『終わりよければすべてよし』の「訳者あとがき」でもこう書いている。

〈『終わりよければすべてよし』はシェイクスピア劇群のなかでも異例ずくめの作品だ。「異例」に出会うたびに「あれっ⁉」となるわけだが、それがまず第一幕第一場第一行目で来た。「息子を送り出すのは、私にとって二人目の夫の埋葬です」と訳したルシヨン伯爵夫人の台詞だ（原文はIn delivering my son from me, I bury a second husband. それにしても一種異様な言い回しではある）。

あれっ、シェイクスピア劇で女性の登場人物が第一声を発するのって他にあったっけ？　ない。

そんなことは翻訳に当たるずっと前に分かっていてしかるべきだろうし、先刻ご承知の向きは大勢おいでだろうが、私としてはこのたび初めて気づいたこと。これもまた「読むと訳すとは大違い」の一例である。〉

もうひとつ女性が第一声を発するのは『マクベス』だが、これは魔女の台詞だ。

書かれていないことを決める苦悩

翻訳で面倒なことのひとつが、「西洋言語」では曖昧のままで問題なくとも日本語にすると明確にせざるを得ない言葉だ。これも和子を悩ませた。『快読シェイクスピア』で、和子はこう書いている。

〈brother とか sister という語が出てくると「うーむ」と悩む――英語をはじめとする西洋言語から日本語への翻訳をしたことのある人なら、誰でも覚えがあるはずです。え、こんな簡単な言葉で？　そうなのです。兄にするか、弟にするか。姉、それとも妹？　原文のどこをどう読んでも、どちらなのかよく分からないことが結構ある。その度に悩む。これが伝記的な文章に出てくると、年譜などの文献に当たらなくてはならなくなる。

原文が話し言葉でなく書き言葉なら、ちょっと観念的ではあっても「兄弟」「姉妹」と訳して先へ進めるのですが、戯曲などの会話文だとそうはいかない。たとえば「ねえ、兄弟さん」と呼びかけたのでは日本語にならないでしょう。

『間違いの喜劇』にも三組の兄弟・姉妹が登場します。エイドリアーナとルシアーナの場合は問題ないし、悩まない。前後の文脈から前者が姉で後者が妹だということは明らかだからです。ところが二人のアンティフォラス、二人のドローミオは双子です。兄も弟もないはずだし、日本でも実際の双子たちは兄だ妹だと意識せずお互いに名前で呼び合うのでしょうが、この劇中のように brother と出てくれば、日本語として自然な流れにするためには無理にでも「兄」とか「兄さん」、「弟」と決めなくてはならないのです。『尺には尺を』の場合はもっと複雑です。イザベラとクローディオという姉弟（または兄妹）――ほら、日本語にするにはこんなふうにすぐ「カッコ・または」が必要になる――の運命を中心軸とする芝居ですが、そのどちらを年長と読むかが問題になる。どちらでも成立するのですが、それをはっきりさせざるを得ない日本語での上演では、イザベラが姉か妹かによる二人の関係や主張の色合いは、原語上演よりも違いが大きいはずです。同じシークエンスでも、兄に楯突く妹になるか、弟にお説教する姉になるか、その振れがより大きいと言い換えてもいい。〉

英語においては、身分の上下が言語として現れないことがある。だが、日本語にするときはそこを無視するわけにはいかない。ある人物が独白の中で発する距離感のないheを日本語にするときに、「彼」なのか「あの人」なのか、それとも上に置く「あの方」なのか。原文では「存在しない」距離を「ある」ことにせざるを得ない苦悩が発生する。

このように一行一行呻吟しながら訳していくシェイクスピアの翻訳を、現代劇の翻訳と比べてこう書いている。

〈『テンペスト』を一行訳すのにかかる時間で、現代劇の訳ならタイプ原稿にして二、三ページは進める、という感じなのだ。『テンペスト』は、シェイクスピアの単独作（注：合作とされる戯曲もある）としては最後の作品とされるだけあって、「地雷」の埋蔵量が多いのかもしれない。それに用心しながら進むから、これまで以上に時間がかかるのかもしれない。〉（『シェイクスピアがわかる。』AERA Mook より）

「馬は一頭たりとも狸にしてはならない」

シェイクスピア劇全訳という長旅の中で、和子には多くの「原則」が蓄積されていった。ここまでに書いてきたことの他に、いくつもの「原則」や「方針」がある。

［なるべく長持ちする日本語にする］
不朽の名作が古びることはないが、翻訳は時代の言語感覚とともに古くなる。和子はこれは翻訳の宿命だと考える。とりわけ舞台で俳優が演じ、観客はそれを耳にする戯曲ではその傾向が強い。だからこそ、口に乗りやすく、耳で聞いてわかる「鮮度の高い」訳語を目指すのだが、同時に鮮度だけではなく、できるだけ時代の変化に影響されない「長持ちする」日本語にするのが和子の基本姿勢である。

［馬は一頭たりとも狸にしてはならない］
壮絶な叫び「馬だ！　馬をよこせ！　代わりに俺の王国をくれてやる、馬！」が主人公の最後の台詞となる『リチャード三世』。この作品を訳すにあたって、和子は「馬」を大切にしようと決めた。
第一幕第二場で有名な「求愛の場」がやってくる。稀代の悪党リチャードが自ら殺害した王子の妃アンを口説きおとすところだ。アンの夫と義父を自らの手で殺しておきながら、リチャードは厚顔にも言葉巧みにアンを籠絡する。直前、第一場の終わりでリチャードはその意図を明かしながら、「だが早まるな」と自分に釘を刺す。その自戒の言葉が次の台詞。

But yet I run before my horse to market.

直訳すれば、「馬より先に馬市に行っても儲けにはならない」という諺で、日本の成句でいえば「獲らぬ狸の皮算用」に当たる。そのため、先人たちの訳には、わかりやすさを優先して日本の言い回しを使ったものが多い。

福田恆存「が、まだだ。取らぬ狸の皮算用」
大山俊一「が、まだまだ獲らぬ狸の皮算用だ」
小田島雄志「いや、おれとしたことが、とんだ狸の皮算用だった」

この劇では馬を大切にすると決めた和子は、この馬は狸にしてはならないと考えた。そこでできた新訳は「だが早まるな、馬より先に馬市に駆けつけてどうする」。
蜷川幸雄演出の『リチャード三世』では、開幕冒頭に白馬が駆け出してきてどうと倒れ、頭上からは死体を思わせる黒馬など様々なものが落ちてきた。とりわけ冒頭三分に心血を注いだ蜷川演出の鍵を握ったのも馬だった。稽古場でこの幕開けを見た和子は全身が粟立つのを感じた。

［ここぞという時にオノマトペ］

擬音語・擬態語を意味するオノマトペは日本語の特徴のひとつでもある。そのため和子は「日本語らしい日本語にしたい時」は、ここぞというところでオノマトペを使う。たとえば「ガンガン訊いてみな」のように。すると、単に「訊いてみな」と動詞だけで書くよりも腑に落ちる日本語になる。ただし、乱用すると効果が薄れるため、「奥の手」としてとってある。

［マラプロピズムのコレクション］

即意当妙、泰若自然、本末動転……和子が持ち歩く手帳には、思いついた「マラプロピズム」の走り書きがある。聞きなれない言葉だが、「マラプロピズム＝malapropism」とは「おかしな言い間違い」のことで、シェイクスピアの戯曲には、『ウィンザーの陽気な女房たち』のクイックリー夫人や『から騒ぎ』のドグベリーなど、滑稽な言い間違いをする人物が度々登場する。

言い間違いには、緊張から来るものや、いいところを見せようとして身の丈に合わない言葉遣いをして起きるもの、そもそも「心の辞書にまちがって登録されている」ものなど様々な背景がある。

『から騒ぎ』の「訳者あとがき」で和子はこう書く。

〈古今東西シェイクスピアほど言い間違いをする人物を大勢登場させた劇作家はいない、そう断じて間違いあるまい。言い間違いを最小単位の勘違い・思い違いとみなせば、プロットや登場人物の心理・性格における大きな単位の間違いを主軸として喜劇を書いたシェイクスピアにとって、言い間違いをする人物は必要不可欠な要素だと言える。〉

それだけに、これを翻訳するのは難事となる。なにせ観客が聞いて即座に間違いとわからなければいけないし、同時に「正しい」言葉を思い浮かべてくれなければ、おもしろさが伝わらない。さらに、間違った言い回しが正しい言葉の正反対になったり、見当はずれになるおかしさを表現しなければならない。これには悩ませられた。

ところが、ある会合で法則をつかんだ。扇田昭彦主宰の演劇懇話会で演劇評論家の大笹吉雄が自分の著書について熱弁を振るううち、まちがって「へびこつらう」と言った。意図したのは「媚びへつらう」だ。

その時、和子は「何かにすり寄るヘビの骨」の奇怪珍妙なイメージを頭から振り払うのに苦心しつつ、マラプロピズムを訳す秘訣を体得したと思った。四字熟語の入れ替えは、間違いがすぐにわかる絶好の訳語になるではないかと。以来、使えそうな表現を小耳に挟んだり思いついたりすると、手元の手帳にメモするようになった。悲喜もごもご、恐怖のズンドコ、東西奔走……コレクションは常に増えている。

井出新教授に招かれて慶應義塾大学の学生に講義をした時にマラプロピズムの話をしたところ、男子学生が挙手をして言った。「僕もひとつ持っています。機会があったら使ってください」。その言葉は「手持ち豚さん」。教室が笑いに包まれた。

シェイクスピアのマラプロピズムと格闘するうちに、気づいたことがある。人間の愚かしさや過ちを書き続けたシェイクスピアにとって、マラプロピズムは「意味という権威の転覆」なのだと。駄洒落は知的な言葉遊び。それに対して無意識にやってしまうのがマラプロピズムだが、両方とも結果として「意味」という権威をひっくり返している。それによって、見る者の価値観を揺さぶっているのだ。

［翻訳家は平等主義者］

翻訳家とはどういう生き物か？　その問いに和子は「エガリタリアン＝egalitarian＝平等主義者」と答える。演出家や俳優と違って、翻訳家はすべての登場人物に対して同じ距離で接する。誰の台詞であれ、訳しているときはその人物が「中心」なのだ。

これに気づいたのは大学や大学院で論文を書いたときの経験からだった。論文を書く人は自分が大事だと思うところを熱心に読む。脇役の「伝達」の台詞など斜め読みしてしまう。ところが翻訳者は主役だろうと伝達だろうと、その人物になりきって日本語に置き換える。敷衍すれば、一人三十数役になりながら読んでいく。

逆に言えば、一人一役を演じる俳優の読みの深さには敵わないと和子は思う。

たとえば、『ハムレット』に関してこんな発見があった。

ハムレットの恋人オフィーリアのある台詞に関して、和子は釈然としない思いを抱き続けていた。父親の言いつけに従って、ハムレットがくれた贈り物を返しながらオフィーリアは言う。

「... for to the noble mind / Rich gifts wax poor when givers prove unkind」

オフィーリアが、王子に向かって自分のことを the noble mind（高貴な心）と言うのだろうか？　首を傾げながらも「品位を尊ぶ者にとってはどんな高価な贈り物も、贈り手の真心がなくなればみすぼらしくなってしまいます」と訳した。だが、オフィーリアらしくないと、もやもやした気持ちを抱き続けていた。

一九九八年、蜷川幸雄演出『ハムレット』ロンドン公演のために一緒に旅したオフィーリア役の松たか子に、シェイクスピアの故郷、ストラトフォード・アポン・エイヴォンで、ふと思い立ってこの台詞についての意見を求めた。すると松はあっさりと答えた。「私、それ親に言わされてると思ってやっています」。間髪をいれずハムレット役の真田広之が言った。「僕はそれを聞いて、裏に親父がいるなって感じるから、ふっと気持ちが冷めて『お前は貞淑か？』って出るんです」。

父親に言わされた台詞だから、オフィーリアらしくない言い回しになるし、ハムレットもその陰に父親の存在を感じる。結果的に翻訳は正しかったが、「言わされている」というのは和子が見落としていた視点だった。

こんなこともあった。『オセロー』の稽古場で、ヒロインのデズデモーナを演じる蒼井優から、夫のオセローに「あなた」と呼びかける場面がいくつもある中で、「この『あなた』はぜんぶ同じですか？」と聞かれた。その場で原文を確認してみると、my lord（直訳すれば、私の主人）と呼んでいる中で一回だけ my good lord と呼びかけている。夫であるオセローが妻の浮気を勘繰って、皮肉まじりに my good lady と他人行儀に呼びかけたことに対する返事だった。となるとニュアンスが違ってくる。和子は蒼井の疑問に深く感謝しながら、その部分を「旦那様」と書き直した。

その人物になりきる俳優だからこそ持てる視点があり、できる深い読みがある。それを逃さないために和子は稽古場に通う。

挫けそうになった作品

このようにいくつもの「原則」を体得しながら翻訳を重ねていったが、中に「挫けそうになった」作品があった。『ジュリアス・シーザー』、古代ローマを舞台にした男たちの権力闘争の物語である。

訳し始める前、和子はさほどの苦労があるとは思っていなかった。原文がとても明快だったからだ。ところが、いざ訳し始めると、一文ごとに訳しては直し、訳しては直しの繰り返しで、前に進めなくなってしまった。明快さだけを掬い取ると、シェイクスピアが男たちの言葉に込めた強靱さが失われてしまうと感じたのだ。

男たちの激しい闘争劇、戦争劇である『ジュリアス・シーザー』を訳すには、どうしても強い言葉が必要だった。一文読んでは訳す。弱い。もっと強い言葉でなければいけないと考えて、直す。でも、まだ弱い。強い言葉を探しあぐねるうちに、口が曲がっても言いたくないし、そんなことを思うことさえ自分に許さないと思っていたある考えが浮かんできた。

「私が女だから、男たちが使う強い言葉を思いつかないのだろうか?」

シェイクスピア劇三十七作を訳す中で、たった一度、この時だけ、頭をよぎった考えだった。

和子を救ってくれたのは、配役が決まったことだった。『ジュリアス・シーザー』は、彩の国さいたま芸術劇場開館二十周年記念作品として、蜷川幸雄の演出で二〇一四年秋に上演された。和子が四分の一ほど訳したところで舞台の配役が伝えられた。シーザーを裏切るブルータスを演じるのが阿部寛。そして、ブルータスと強い絆を結ぶキャシアス役が吉田鋼太郎。これを聞いた和子は戯曲を捉え直すことができた。公演パンフレットに寄せた言葉でこう書いている。

〈この作品の中心には男たちの権力闘争がありますが、本当に大事な主軸はブルータスとキャシアスという男と男の絆、その有為転変、紆余曲折、信と不信の波瀾万丈なドラマではないか、と。そこに政治と戦争、そして民衆が加わり『ジュリアス・シーザー』の世界は構築されている。その構造に気づいたとき、ようやく私の筆は走り出しました。〉

舞台初日、彩の国さいたま芸術劇場に駆けつけた和子はパンフレットを受け取った。公演パンフレットは初日に配られるのが恒例で、関係者であっても先に受け取ることはない。舞台が終わるまでは慌ただしく、落ち着いて確認する暇もなかったため、自宅に帰って、ベッドに寝転がってからようやくページを開くと、そこには阿部寛の思いがけないコメントが載っていた。

〈男の友情、「死」を意識した美学など、僕は時代劇の侍役などで、こういう関係性の役を演じる機会が多いのですが、男の友情を描き切るのは男性作家でも難しい。松岡和子さんはそんな男のドラマを実に巧みに、腑に落ちる言葉に訳してくださった。ご苦労もあったと思いますが、それに応えるためにも人と人が絡み合い、複雑な模様を描くシ

ェイクスピア劇の魅力を堪能していただける舞台にしなければと思います。〉

自分が苦しんだのをまるで見ていたかのようなコメントだった。これを読んだ瞬間、和子はすべての努力が報われた気がした。迷いに迷って、気弱になりそうになったのを乗り越えて、なんとしても男の世界を言葉で実現するのだと悪戦苦闘したことが全部報われた気がした。泣かずにはいられなかった。和子の七転八倒を察してくれた阿部寛と、彼の言葉を掬い取ってくれたライターの二人への深い感謝の気持ちを今も抱いている。

苦しんだ『ジュリアス・シーザー』の翻訳には後日談がある。シェイクスピア劇の日本語翻訳を研究している関西学院大学のダニエル・ガリモア教授が、海外で開かれるシェイクスピア翻訳の学会で和子の『ジュリアス・シーザー』を取り上げるにあたって質問があるという。「松岡さんはこの作品で硬い四字熟語をたくさん使っていますが、これは意識して使っているのですか?」。まったく意識していなかったと答えると、作品の中で和子が使った四字熟語の長いリストを見せてくれた。「有象無象、堅固不抜、大言壮語、茫然自失、先手必勝、意気揚々、四肢五体、粗暴野蛮、悪辣卑劣、公明正大、清廉潔白、勇気凜々……」。言われてみればその通りで驚いた。

硬い、強い言葉を探し求めていくうちに、大和言葉より漢語由来の言葉の方が強いことに気がついて、無意識に四字熟語を多用していたのだった。

全集に込めた「お買い得感」

ちくま文庫でシェイクスピア全集を始めるにあたって、和子がこだわったひとつが脚注だった。そもそも新訳については、「小田島さんのがあるじゃない」と自身が思ったくらいだから、読者はきっと「なぜ今更、新しい訳が必要なのか？」と思うに違いない。であるならば、新たに文庫本を買ってくれる人に「お買い得」と思ってもらえるメリットを加えようと思った。それが懇切丁寧な脚注である。

芝居と戯曲が好きな和子は舞台を観て帰ってくると、邦訳本に立ち戻って台詞を確かめた。すると、駄洒落を始めとするおもしろい言い回しであればあるほど原文が気になって仕方ない。注釈のある翻訳本もあったが、多くの場合、作品全体の後にまとめた後注。そうなると、わざわざ読書を中断してまで調べたりはせず、疑問は大抵それっきりになってしまう。

そんな自分自身の体験から、疑問は視線を落とせば同じページ内で解決できるようにしようと考えた。たとえば『終わりよければすべてよし』には、こんな脚注がある。第二幕第三場でパローレスが男のバートラムに「かわいこちゃん」と呼びかけるすぐ下に、〈sweet heart と呼びかけている〉。第三幕第二場でラヴァッチが「ここら辺の田舎の塩鱈とイズベルは、宮廷の塩鱈とイズベルとは出来が違う。俺のキューピッドは頭の中身を搾りとられ、だらんとなっちまった、年寄りが金にしかムラムラこないのとおんなじだ」と語るすぐ下には、〈塩鱈（ling=salt cod）はペニスのこと〉とある。あるいは、そのすぐ後、息子が母に宛てた手紙の中の「母上に義理の娘を送ります」という文章の下には、こんな注釈がついている。〈I have sent you a daughter-in-law. 何という書き方だろう、your daughter-in-law（あなたの義理の娘）ですらなく「ある義理の娘」。自分との関係を完全に消去している。〉

訳文を見るだけでは気づきようのない原文に込められた意味を、和子は注釈で解説した。注釈を追っていくだけでも、ひとつの読み物になるボリュームだ。

さらに扇田昭彦の助言を受けて、巻末に戦後の上演史を加え、歴史劇に関しては年表や系図も必要に応じて入れるようになった。小さな文庫にいくつもの「お買い得」を詰め込んだのだ。

シェイクスピアとともに生きた二十八年間

ここまで、シェイクスピア劇を翻訳することそのものにまつわる和子の努力を書いてきたが、二十八年間で三十七作品を訳しきるためには、言うまでもなく、机の前で過ごす時間以外にも弛まぬ努力があった。

ひとつは、考え続けること。にわかに解釈できない悩ましい表現に出会った時、和子はそれをメモした紙片を鞄の中に持ち歩く。少しでも英語がわかる人間に会うと、その紙片を開いて意見を求める。多様な意見を参考にした上で、最終的に書斎で自分なりの答えを出す。気になる表現がある時、和子は寝ても覚めてもこれを頭の中で転がし続ける。庭仕事をしていようと、梅ジャムを煮ていようと、猫と遊んでいようと、シェイクスピアの言葉が頭を離れることはない。

もうひとつは、死なない努力をすること。シェイクスピア全集を出すことが決まったのが一九九四年。和子は五十二歳だった。すぐに死んでしまう年齢ではないが、若くもない。三十七作品を訳すのに、いったいどのくらいの時間がかかるのかわからない。和子にとっての命題のひとつは心身の健康を保つことになった。筋肉トレーニングのためにジムに通い、定期的に乗馬をして、七十歳を過ぎてからテニスも始めた。もちろんすべて楽しみのためではあるが、完訳するまで元気でいなければならないというのは、和子が自らに課した義務だった。

二〇一八年四月、「ほぼ日《にち》の学校シェイクスピア講座」の講師を務めた和子は、二時間半の授業の最後にこんな話をした。

「お話ししておきたいのは、『シェイクスピアはわれらの同時代人』（白水社）という名著のことです。私は初版を買って全部読んで、それ以降は必要なところだけ拾い読みしていたんですけど、ちょっと前に序文から全部再読する機会がありました。二〇一六年のシェイクスピア没後四百年にあわせて、毎日新聞の書評欄で、池澤夏樹さんと、演劇評論家の渡辺保さんと私の三人がそれぞれシェイクスピアに関してお薦めの本を挙げることになった。その一冊の『シェイクスピアはわれらの同時代人』を、せっかくだから序文から再読しようという、良い心がけのおかげで、すごい発見をしたんです。

日本版への序文、第一ページで私はガーンとなったんです。最初に読んだときには、この言葉の意味があまりわかっていなかった。というよりスルーしていた。でも何十年か経って読み直すと、私のシェイクスピアとの関わり方も変わってきていますから、こちらの側の事情も関係しているかもしれません。読みます。

〈わたしはシェイクスピアを読み始めるより先に、劇場で何度もシェイクスピアを見た。その後長年の間、わたしはシェイクスピアをポーランド語で読み、ポーランドの劇場で見るだけだった。英語でのシェイクスピア、イギリスの劇場でのシェイクスピアは、わたしが知ったいろんなシェイクスピアのうち最後のものであった。

思うに、英語が母国語でないすべての人たちの経験はこれによく似たものであろう。

（中略）

劇場におけるシェイクスピアの人物は、たとえ歴史的な衣装をまとっていようとも、現代人の顔貌をしている。そして、よし俳優たちのしぐさまでが様式化されていようとも、情熱と心の動きは彼らの情熱であり、彼らの心の動きである。つまりわれわれの時代のものである。英語ならぬシェイクスピアは必ずまず演劇であって、然るのちにやっとテキストとなる。俳優とは語るものであって、ポーランド語で語り、イタリア語で語り、また日本語で語る。英語ならぬシェイクスピアは国民劇となる。つまり、彼が演じられるその民族の演劇となるのだ。〉（蜂谷昭雄・喜志哲雄訳）

これが、翻訳をしている自分にとって力になりました。やはりどこかでイングランド、英語ネイティブの人たちの読み方に比べて浅いのではないかとか、ちゃんとしたところが読めないのではないか、あるいは、ましてそれを日本語にするなんて大それたことがどこまでできているのかしらという不安があったのですが、これを読んで、『あ、そうだ。私だって最初のシェイクスピアは英語じゃなかった。平均的な日本人のシェイクスピアとの接し方だった』と思うと、なんとなく今やっている仕事への励ましの言葉といったらいいでしょうか、そういう気持ちになったのです。

二〇一六年に、ストラトフォード・アポン・エイヴォンで開かれた国際シェイクスピア学会のパネルディスカッションのパネリストとして呼ばれました。『シェイクスピアと翻訳』というタイトルでした。最初のプランでは、各文化圏、各国のさまざまな翻訳者が一堂に会して、シェイクスピアの翻訳について論じましょうという話だったんです。でも一人抜け、二人抜けして、結局、議長を入れても四人になっちゃった。個々に事情があって抜けたのでしょうが、テーマや論点をメールでやりとりしているうちに『あ、これは絶対かみ合わない』というのがわかってきた（笑）。フタを開けたらそのとおりでした。たとえば、ポルトガル語に翻訳した大学の先生は、自分の訳したものが一本も舞台にかかったことがない。あるいは、古典のラテン語のものを英語に翻訳することを研究している人。ますますダメだと思った。しょうがないから、私はこういう仕事をしています、と自分のことを話すしかないと思って開き直りました。

それで、最初に、『私は文学的な職人です』と宣言しました。『学者ではありません。職人です。職人にとって一番大事なのは仕事場、ワークショップ。私のワークショップは、書斎と稽古場です』という話をしました。そして、日本語でシェイクスピアをやることの私なりの意味を考えざるを得ないおかげでいろいろ考えて、要するに英語じゃない言語を持つ私たちがやっているシェイクスピアというのは、文化的なハイブリッドを作ることだと思うと話しました。私たちがやっているのは、日本語を話すデンマークの王子様だったり、日本語を話すヴェニスの金貸しだったりする。でも考えてみると、そういうことの大先輩がシェイクスピアその人だった。シェイクスピアは、英語を話すデンマークの王子や、英語を話すヴェニスの金貸しを書いたわけです。むしろ、英語を話す英国の人々を書く方が数えるほどしかありません。『ウィンザーの陽気な女房たち』ぐらいで、あとはウィーンだったり、ヴェローナだったり。だから、『日本語でシェイクスピアを作っている私は、シェイクスピアの正統な後継ぎです』ということを言いました（笑）。もう自棄《やけ》のやんぱち。でも、本当にそうだなって思います」

完訳の先に続く挑戦

二〇二一年にシェイクスピア全集最終巻『終わりよければすべてよし』が刊行されてから、「次は何をするのですか？」と聞かれるようになった。それに対して和子は「いやいや、次はありません」と答える。だが、意図するのは、字義通りとは少し違う。仕事がこれで終わってしまったわけではないのだ。

自分が死んでしまったら、もう誰も自分の翻訳を磨く人はいなくなる。だから、命ある限り、訳し終わったものをより良いものにする努力をやめない。自分がこの世にいなくなった時、付き合いやしがらみで「松岡訳」を使ったり使わなかったりすることはなくなる。つまり、翻訳そのものの良し悪しで選ばれるかどうか、それが和子にとっての「勝負」なのだ。松岡和子訳の「シェイクスピア全集」は、翻訳単体として誰からも良いと言われるようなものを残しておきたい。それが和子の静かな「野心」である。

だから、日々翻訳には手を入れている。

最近も、十九刷まで版を重ねてきた『マクベス』の独白を変更することを決めた。劇の終盤、夫人の死を知らされたマクベスの最後の独白、この作品の中で最も有名な「トゥモロー・スピーチ」を見直すことにしたのだ。まずは原文から。

To-morrow, and to-morrow, and to-morrow,
Creeps in this petty pace from day to day,
To the last syllable of recorded time;
And all our yesterdays have lighted fools
The way to dusty death. Out, out, brief candle!
Life's but a walking shadow; a poor player,
That struts and frets his hour upon the stage,
And then is heard no more: it is a tale
Told by an idiot, full of sound and fury,
Signifying nothing.

和子はこれをこう翻訳した。

明日も、明日も、また明日も、

とぼとぼと小刻みにその日その日の歩みを進め、
歴史の記述の最後の一言にたどり着く。
すべての昨日は、愚かな人間が土に還る
死への道を照らしてきた。消えろ、消えろ、束の間の灯火《ともしび》！
人生はたかが歩く影、哀れな役者だ、
出場のあいだは舞台で大見得を切っても
袖へ入ればそれきりだ。
白痴のしゃべる物語、たけり狂うわめき声ばかり、
筋の通った意味などない。

冒頭の「To-morrow, and to-morrow, and to-morrow」と重ねる部分を、最初、和子はマクベスを演じた松本幸四郎（現・白鸚）に「あすも、あすも、またあすも」と読んでください と頼んだ。その方がリズムがいいから。

だが、その後、これはリズムが良くてはいけないことに気づいた。シェイクスピアが愛用したリズム「弱強五歩格（弱い音、強い音を交互に五回繰り返して一行とする）」のルールから言うと、普通なら弱く読むはずの and が強くなる。つまり、「よっこらしょ」という感じで進んでいくニュアンスがなければならない。リズム良く進んではなら

ないのだ。

それに気づいたのは、ロイヤル・シェイクスピア・カンパニーの元芸術監督、グレゴリー・ドランが演出して、俳優アントニー・シャーがマクベスを演じた舞台を観た時のことだった。「同志」ともいうべき妻を失い悲嘆するマクベスは、足取り重く進む「明日」を表した。

それ以降、和子は「明日」に「あした」とルビを振った。幸いなことに、日本語の「あした」には「朝」の意味もある。シェイクスピアの to-morrow に「翌日」と「朝に向かって」の意味が重なっていることを考えると、「あした」は意味も音も合う訳語だった。「あしたも、あしたも、またあしたも」という読み方が定着した。

そしてさらに最近、大きな決断をした。「あしたも」を「あしたへ」に変えることにしたのだ。きっかけは、版によって、to-morrow と tomorrow、ふたつの綴りがあることが前から気になっていたことだった。遅まきながら、シェイクスピアの死後七年の一六二三年に出版されたシェイクスピア戯曲全集「第一・二つ折り本（the First Folio）」の復刻縮刷版を開いてみた。なんと、To morrow と一文字空きで印刷されていた。専門的な説明は省略するが、和子は長らく「tomorrow」を主語として訳してきたものの、全体を考えると「意味的な主語」は、マクベスを含む「我々人間」とみなしてよいのではないか。そう考え直して、「明日《あした》へ、また明日へ、また明日へ、とぼとぼと小刻みにその日その日の歩みを進め……」と改めることにした。ちくま文庫版二十刷からはこうなる。
『マクベス』に関しては、つい最近も新たな発見があった。マクベス夫人は、主人公マクベスの妻で、重要な役割を担うにもかかわらず「マクベス夫人」と書かれるのみで名前がない。舞台『レイディマクベス』のプログラムのための文章を依頼された和子は、以前『「もの」で読む入門シェイクスピア』(ちくま文庫)に書いたように「マクベス夫人に名前がなく、どこまで行ってもマクベスの『夫人』でしかないという事実は、この夫婦の結びつきの堅さと、それが解《ほど》けたときの両者のよるべなさを物語っている」と書いた。

その後、ふと思った。マクベス夫人には名前がない。でも、考えてみると、マクベスにもファーストネームがないではないかと。シェイクスピアの英国史劇のタイトルの王様の名は、リチャード、ヘンリー、ジョン、エドワードと、すべてファーストネーム。ファミリーネームがタイトルになった『マクベス』で、ファーストネームが与えられているのは、王と王子のみ。つまり、ファーストネームのないマクベスは、あらかじめ王たる資格を奪われているのではないか。誰にどんな名前をつけるのか、つけないのか。張り巡らされたシェイクスピアの企みに吐息をつきながら、新たな発見に小躍りした。

「ジュリエットとロミオ」

二〇二三年に入ってからも、「なんでこれを見逃していたんだろう？」と驚く出来事があった。春に東京と大阪で公演する劇団☆新感線『ミナト町純情オセロ』の準備をしていた劇作家の青木豪と話をしていた時、青木がふと「『ロミオとジュリエット』って、いちばん最後、『ジュリエットとロミオ』なんだよね」と漏らしたのだ。

え？

早速原文にあたった。見直すと、"For never was a story of more woe than this of Juliet and her Romeo"。しかも「her Romeo（彼女のロミオ）」。

タイトルに引っ張られて、ついここを「ロミオとジュリエット」の順番にしてしまったのは和子だけではない。知る限りの日本語訳は「ロミオとジュリエット」になっていた。

幸い、『ロミオとジュリエット』は確実に重版のかかる作品なので、最新版で最後の文章の名前の順番が入れ替わった。さすがに「her（彼女の）」を追加すると劇の言葉にならないので追加しなかったが、名前の順番は原文どおりにした。原文を読んで語順の相違に気づかせてくれた青木に、和子は深く感謝している。

ことほど左様に、思い込みとは恐ろしい。原文を何度も読んで確認しているにもかかわらず、タイトルの印象が強すぎて、つい「ロミオとジュリエット」と頭が読み替えてしまう。

シェイクスピアの翻訳をより良いものにして残す、という和子の努力には果てしがない。「いいものに出会わせてもらったと思う」。和子はこう言って笑う。

看取る人

二〇一八年五月、夫の陽一に食道癌が見つかった。

以来、和子はある台詞を呪文のように唱えるようになる。「覚悟がすべてだ」。日本語で言うこともあれば、The readiness is all. と英語でブツブツ言うこともあった。

『ハムレット』第五幕第二場の半ば。ハムレットの父を殺した叔父クローディアスと、ハムレットを恨むレアティーズが、フェンシングの試合を装ってハムレットの暗殺を計画する。試合を受けて立つことにしたものの、ハムレットは嫌な感じが拭えない。そんな状況にこの台詞はある。先に書いた「生き残した人生～」の前段である。

やめてくれ。前兆なんか気にしてはいられない。雀一羽落ちるにも天の摂理が働いている。いま来るなら、あとには来ない。あとで来ないなら、いま来るだろう。いま来なくても、いずれは来る。覚悟がすべてだ。生き残した人生のことなど誰に何が分かる。だったら、早めに死んでも同じことだ。放っておけ。

「来る」「来ない」と言っているのは、やがて、確実にやって来る何か。「運命」と言ってもいいし、「死」と言ってもいい、いろいろに読み解くことができるもの。それを前にしてハムレットは、「覚悟がすべてだ（The readiness is all.）」と言っている。

最初にこれを翻訳したのは一九九五年で、和子は五十三歳。死を意識する年齢ではなく、当時、この台詞が特段心に響いたわけではなかった。だが、精密検査の結果、陽一が癌だと言われた時、この台詞が浮かんできた。

八月に手術を受けてしばらくは、自宅に戻って元通りの生活ができると安堵したものの、予後の治療の間に誤嚥性肺炎を繰り返して、陽一の体調は悪化していった。The readiness is all. と自分に言い聞かせる頻度と強度は高まっていった。入院中はどんなに忙しくても毎日見舞いに行った。

リハビリ病院への転院を経て、二〇一九年四月、和子は陽一を自宅に引き取ることを決意し、訪問診療と看護の助けを借りながら、とことん寄り添った。その間も『ヘンリー五世』と『ヘンリー八世』の翻訳の手を休めることはなく、仕事のペースを落とすことはなかったが、できる限り夫のそばにいた。その様子を見ていた娘が、意外そうに聞いた。「お母さん、お父さんのこと好きなの？」

不思議な質問ではある。だが、そう聞かれるくらい、和子と陽一はある意味、奇妙な関係だった。最初の大喧嘩は結婚から四年足らず、原因は他でもないシェイクスピアだった。来日したロイヤル・シェイクスピア・カンパニーの公演を観に行くのだが、連日一人で出掛けては心苦しいと思った和子は『ヘンリー五世』に陽一を誘った。文学に造詣が深く、歴史好きだから楽しめるだろうと考えたのだ。ところが日生劇場に向かう電車の中で、陽一は「シェイクスピアなんか大したことはない」と言い始めた。あげくに「俺は行かない」と途中で引き返してしまう。

次の喧嘩は家計の分担をめぐるものだった。以来、財布を別にし、互いの収入を知らない関係となった。行きがかり上、子供二人の学費を負担することになった和子は大変だったが、分担してくれとは言わなかった。意地だった。夫の月収や退職金がいくらだったのか、ついに知らずじまいだった。毎月地主に払う地代分だけ受け取った。怪しげな投資話で失敗したのも見て見ぬ振りを通した。

三回目の大きな喧嘩は一九九〇年。リスボンで開催される国際演劇評論家協会総会のためポルトガルに飛ぶ日の朝、陽一に「行くな」と止められた。その言い方に反発して、「帰国したら離婚だっ！」という気持ちで飛び立った。ところがポルトガルに着いてみると、はるかに広い世界でたっぷり刺激を受け、夫婦喧嘩はあまりに小さなものに思えた。衝突は雲散霧消した。

振り返ってみれば、陽一は妻の心と時間を奪っていく演劇というものにずっと嫉妬していたようだ。大学か、翻訳か、劇評などの執筆活動か、どれかひとつをやめてくれと言われたこともある。シェイクスピアをはじめとする戯曲という大きな世界に身を浸し、才気あふれる人たちが素晴らしいものを生み出していく創作の現場で、自分の訳した言葉が血肉化されていくのを目の当たりにする喜びを日々味わう妻に、置いていかれた気がしたのかもしれない。

和子はそれに気づいていた。シェイクスピア全集の新刊が出るたびに、「陽一様」と為書をして一部渡したが、読んではいないことを知っていた。夫が望むような関心を向けていない自覚は十二分にあった。こうして出来た関係は、娘に「好きなの?」と聞かれて答えに困るくらい不思議議なものだった。

諸手を挙げて「最愛の人」と言えたのかどうかわからない相手だった陽一を、和子はなぜ慈しんで看取ったか。シェイクスピアと子育てを優先して、夫を後回しにした罪ほろぼしのような気持ちはあった。だが、それよりもずっと前、結婚を決めた頃から、この人の最期は自分が看取ると覚悟を決めていた。

陽一の父は一九四二年、陽一が三歳の時にこの世を去り、陽一の姉の禎子《ていこ》もまた終戦の翌年、わずか九歳で命を落とした。夫と娘を亡くした母ツルの愛情は陽一に注がれた。その陽一にプロポーズされた頃から、和子の中にはじわじわと決意が芽生えていった。

母一人子一人支え合ってきた家族の片方と結ばれるからには、この人の最期まで一緒にいよう。別れるようなことはしない。和子は自分にそう誓った。そこを外してしまうと自分を裏切ることになると考えた。陽一を看取ることは、和子が自分自身と交わした固い約束だったのだ。

母・幸子の時と同じように、娘や息子と共有した陽一の看護記録が何冊もある。交わした会話、体調の良し悪し、治療の詳細、耳が聞こえにくいから耳掃除をしてみたこと、マッサージをしたこと、下の世話、陽一が好きな中里介山の小説『大菩薩峠』を枕元で読み聞かせたこと……自宅看護に切り替えてからは、ほぼ二十四時間の記録が和子の手で残されている。相手が嫌いな人だったら到底できないような手厚い世話をした。熱々の関係ではなかったかもしれないけれど、家族としての情はたしかにあった。お見合いをした日、寡黙な兄に似た陽一に和子が恋をした。その気持ちはどこかに残っていた。

和子がそばにいてくれる。長い結婚生活の果てに、ようやくそうなって気持ちを落ち着かせたのか、陽一は脳梗塞の後遺症もあって震える手で、気持ちをまっすぐにノートに書き残した。

「早く家に帰って和子と会いたい」

「愛している」

「和子アイしてる。早く会いたい」

「和子に会いたい　和子に会いたい」

二〇一九年八月四日、陽一永眠。和子は未だこのノートを開くことができない。

今となっては良い思い出しか残っていない。自宅の庭の大きな枝垂れ桜の下で家族が談笑しているのを、「絵に描いたような幸せ」と言いながら、スマホで写真を撮ったひとコマも忘れられない。

二人の子供に対しては、仕事を優先して「ろくな親じゃなかった」と思うけれど、息子と娘は「勝手によく育ってくれた」。二人とも親離れが早く、あっけないほどだった。

和子は、息子が小さい時に陽一と交わした会話が耳に残っている。息子を間に挟んで、『おさるのジョージ』などの絵本を毎晩読み聞かせした。その甘い時間は、「仮にこの先、子育てで何か辛いことがあっても、今のこの時間で十分に元が取れた」と思えるものだった。その気持ちは陽一も同じだった。

その後、再び妊娠がわかった時、和子は二番目の子供はどうしても女の子が欲しいと思った。同志になれると思ったから。自分の念力で女にした。そう和子は信じている。

半世紀を超えた結婚生活には実にさまざまなことがあったけれど、二人の子を育んだ家庭を守り抜いた。そして、和子は陽一に「たしかに愛されていた」という実感に今も満たされている。

二〇二三年に入って、愛猫のシャチとツバメを相次いで亡くした。御殿場の乗馬クラブで生まれた姉妹猫だった。十九歳のツバメの死は旅に出て不在の間だったが、同年齢のシャチはその半年前に和子の両腕の中で静かに逝った。

和子は「私、看取る人なの」と言う。弟、母、夫、猫……温かかった体が冷えていくのを手のひらで感じた。臨終に立ち会うことはなかったが、父、姑、兄、兄嫁を見送った。人が生きるということ、死んでいくこと、生の物語は舞台以上にドラマチックで生々しい。

「この世界すべてが一つの舞台、人はみな男も女も役者にすぎない。それぞれに登場があり、退場がある」(『お気に召すまま』第二幕第七場)

和子はこのシェイクスピアの台詞を抱いて生きてきた。自分の退場シーンが来るまでは精一杯生き切るのだと思いながら。強い覚悟を持って。

エピローグ

「私は交ざらない子、交ざれない子だった」

和子はそう語る。

もちろん人とは仲良くする。だが集団になると、どこか距離を取ることが多かった。それを意識したのは中学生の時。今と違って政治にまつわる議論が教室でなされていた一九五〇年代後半のある日、社会科の教師が自衛隊の是非について生徒に議論させた。終戦時、旧陸海軍が解体された後、朝鮮戦争が起きたことで警察予備隊が組織され、一九五四年に自衛隊が発足した。これは戦争と武力を放棄した憲法違反ではないのか？その問いが社会のあらゆる場で激しく議論された時代だ。

和子はクラスの議論に耳を傾けながら、「知らないことが多すぎてわからない」と思った。是の論拠を聞けば「そうだよね」と思う。否の意見を聞けば「それもそうだよね」と思う。意見を言う友達はそれぞれに主張を持っているのに、自分は知らないことが多すぎて、意見を言うことができない。そんな自分はダメだと思った。それがずっとコンプレックスだった。

以来、自分はいったい何が好きなのか？　何が嫌なのか？　何に腹を立てるのか？　きちんと見極めようと思った。それでも、わからないものはわからない。自分の中に「ない」意見を作るためにはどうしたらいいのか、和子は途方に暮れた。

大人になって、その寄る辺なさを扇田昭彦に鋭く指摘された。

「君の中には怯えた少女がいる」

「怯えた少女」は今も和子の中で息づいている。ただ、シェイクスピア劇を三十七本訳し終えた今、ようやくひとつの自信を得た。シェイクスピアとシェイクスピア劇に関してだけは、「私はこう思います」と断言できるようになった。もちろん、自分がすべて正しいとは思っていない。間違っているかもしれない。それでも、異論のある人と討論できるだけの根拠は自分の中にある。

たとえば『ロミオとジュリエット』のジュリエットは、なぜ「あと二週間で十四歳」という年齢設定なのかは誰にもわからないが、和子はある程度の自信を持って推論する。

それは、シェイクスピアがその顔を思い浮かべながら「当て書き」をした少年俳優（当時は女性役も男性俳優が演じた）が、「あと二週間で十四歳」だったのではないかということだ。シェイクスピアがどうしてその年齢にしたのか、本当のところはどこにも書かれておらず、証拠はない。自分の妄想かもしれないと思う。けれど、シェイクスピアが俳優を思い浮かべながら戯曲を書いたこと、その他の作品の書き方などから類推して、「信じるに足る妄想」だと考えている。それは書斎にこもる翻訳者ではなく、芝居がどのように作られていくかを内側から知る「現場にいる翻訳者」だからこそ抱くことのできる妄想だろう。

「怯えた少女」は、自分の妄想を口にできるだけの自信をようやく手に入れた。

シェイクスピアは三十七本の戯曲を通して何を書こうとしたのか。それも今なら和子は確信を持って自分の言葉で語ることができる。

人間のあらゆる側面を描いたシェイクスピアが書きたかったのは、人間の愚かさ。その愚かさには大きく分けて三つある。ひとつ目は自分が見えていない愚。これが自惚《うぬぼ》れや過信を生む。ふたつ目は、「信じてはいけない人を信じ、信じるべき人を信じない。聞いてはいけない言葉を聞き、聞くべき言葉を聞かない」ことの愚。三つ目は、人や愛を試す愚。

とりわけ最後の「愛を試す愚」は、アントニーの愛を試そうとしたクレオパトラの嘘がアントニーの死を招いたり、娘たちの愛を試したリア王が哀れな末路を辿るなど、枚挙にいとまがない。和子はこうした劇を「試す系」と呼ぶ。

一連の「試す系」に気づいたきっかけは、『ヴェニスの商人』だった。以前から、この戯曲にはそこはかとない苦手意識があった。借金のかたに肉一ポンドを要求するユダヤ人の話という印象が強いが、和子が違和感を覚えたのはそこではない。『十二夜』のように「最初の一行から最後の一行まで、ぜんぶ好き」と思う戯曲とは対照的に、終始「嫌な感じ」がつきまとった。そこで、ある時、和子は『ヴェニスの商人』に向き合うことにした。自分は何が嫌なのかを探るために。その結果、あらゆる場面で人が人を試していることに思いが至った。愛しているなら金を貸してくれという試し、金・銀・鉛の箱のうち、正しいものを選んだ者が富豪の娘と結婚できるという場面で箱に書かれていた人を試す文言、自分が贈った指輪を男が手放すかどうかの試し……小さなものから大きなものまで「試し」だらけ。自分はそれが嫌だったのだと気づいた。

愛を試すのは卑怯であり、測ることのできないものは測ってはならない。シェイクスピアが書いているのは、そういうことだ。背後にあるのは、「人間は愚かしい。でも、だからこそ人間なのである」という人間肯定。

こうしたことを、今の和子は自信を持って語ることができる。それが、シェイクスピアの道を辿る旅のひとつの到達点と言えるかもしれない。

あとがき

“All’s well that ends well; still the fine’s the crown; Whate’er the course, the end is the renown.”……英王室を描いたドラマ「The Crown」の最終回の締めくくり、カメラマンの台詞に耳が引き寄せられた。あれ？　聞き覚えがある。シェイクスピアだ。『終わりよければすべてよし』から、「終わりよければすべてよし。おしまいには王冠が待っています。どんな紆余曲折があろうとも、終わりにあるのは名声です」。実写版の映画「美女と野獣」を見ていた時にも似たようなことがあった。主人公ベルが「野獣」の知性に気づくきっかけは彼が諳んじたシェイクスピアの詩だった。四百年前に書かれたものながら、シェイクスピアからの引用や作品を踏まえた表現は、身の回りにたくさんある。だが、私はそんなことは知らなかった。

文学は大の苦手だ。まして古典など理解できない。そう思っていた私が、シェイクスピアの引用に気づく日が来るなんて想像もしないことだった。これを現実のものにしてくれたのは東大大学院教授の河合祥一郎さんと翻訳家の松岡和子さん。縁あって「ほぼ日の学校シェイクスピア講座」の立ち上げに関わった私は、講師陣の中心であったおふたりの導きでシェイクスピア劇の世界に触れることができた。

講座のたびにお会いする松岡さんはいつもお洒落で快活で、笑みを絶やすことなく、情熱的にシェイクスピアの話をしてくれた。ただ、私はそれ以上に松岡さん自身の物語に魅了された。満州からの引き揚げやお父様のソ連抑留など、朝の連続テレビ小説でも見ているかのようなドラマだった。この物語を私ひとりで聞いているのはもったいないと思ったのが執筆のきっかけだ。この稀有な女性はどのようにして育ったのか、ここに至るまでに何を乗り越えてきたのか、翻訳の仕事を齧る者として、働く母として、大先輩の話を聞いてみたいと思った。

ご自身もよくその表現を使われるので、本書のタイトルは『逃げても、逃げてもシェイクスピア』とユーモラスなものになったが、最終的に松岡さんは逃げていない。シェイクスピアにとことん向き合った。私の力不足で松岡さんの仕事の全貌はとても描き切れていない自覚はあるが、三十七作品完訳という偉業の背後にあった波乱万丈のほんの一部でもお伝えすることができれば幸いだ。

取材の過程では、松岡さんご本人はもちろん、妹の萩原薫さん、叔父の野津龍雄さん、俳優の河内大和さんをはじめ多くの方のご協力をいただいた。シェイクスピアのおもしろさを教えてくれた河合祥一郎さん、俳優で演出家の串田和美さん、ほぼ日の学校長だった河野通和さんに深く感謝したい。そして新潮社ノンフィクション編集部、校閲部のみなさん、本当にありがとうございました。

草生亜紀子

【参考文献】

『解ってたまるか！　億萬長者夫人』（福田恆存著／新潮社／一九六八年）
『未完のジグソーパズル　前野毅追悼集』（一九七七年）
『ソ連獄窓十一年』全四巻（前野茂著／講談社学術文庫／一九七九年）
『有元利夫と女神たち』（有元利夫著／美術出版社／一九八一年）
『クラウド9』（キャリル・チャーチル著／松岡和子訳／劇書房／一九八三年）
『シェイクスピアへの架け橋』（髙田康成・河合祥一郎・野田学編／東京大学出版会／一九九八年）
『シェイクスピアがわかる。』AERA Mook（朝日新聞社／一九九九年）
『シェイクスピアはわれらの同時代人《新装版》』（ヤン・コット著／蜂谷昭雄・喜志哲雄訳／白水社／二〇〇九年）
『アンのゆりかご―村岡花子の生涯』（村岡恵理著／新潮文庫／二〇一一年）
『Shakespeare's Creative Legacies』（Paul Edmondson, Peter Holbrook 編／Bloomsbury／二〇一六年）
「サライ・インタビュー　松岡和子」（『サライ』二〇二〇年十一月号）
「SWITCH INTERVIEW 松岡和子」（戌井昭人・聞き手／『SWITCH』二〇二二年二月号）
「語る　人生の贈りもの」（『朝日新聞』二〇二二年四月十八日〜全十五回）

【松岡和子に関する資料】

〈受賞歴〉
第二回湯浅芳子賞　一九九五年
文化庁長官表彰　二〇二〇年
第五十八回日本翻訳文化賞　二〇二一年
第七十五回毎日出版文化賞　二〇二一年
第十四回小田島雄志・翻訳戯曲賞特別賞　二〇二一年
第六十九回菊池寛賞　二〇二一年
二〇二一年度朝日賞　二〇二二年
第十九回坪内逍遥大賞　二〇二二年

〈主な著作〉
『ドラマ仕掛けの空間』（創樹社／一九八六年）
『繪本　シェイクスピア劇場』（安野光雅画／講談社／一九九八年）
『「もの」で読む入門シェイクスピア』（ちくま文庫／二〇一二年）
『深読みシェイクスピア』（新潮文庫／二〇一六年）
『決定版　快読シェイクスピア』（河合隼雄との共著／新潮文庫／二〇一八年）
『すべての季節のシェイクスピア』（ちくま文庫／二〇二二年）
訳書「シェイクスピア全集」（ちくま文庫　全三十三巻）他多数

〈略年表〉
一九四二年四月十七日　満州国新京生まれ
四三年十月　妹・薫誕生

四五年八月十五日　終戦
十一月二十八日　父・茂、中国八路軍に捕らえられる
十二月　弟・毅誕生
四六年　日本に引き揚げる
四九年四月　杉並区立杉並第一小学校入学
五五年四月　杉並区立杉森中学校入学
五六年八月　父・茂帰国
五八年四月　東京都立豊多摩高校入学
六一年四月　東京女子大学入学
六三年四月　新入生歓迎公演で『夏の夜の夢』ボトムを演じる
六五年三月　大学卒業。劇団雲の研究生になる
六七年四月　シェイクスピアを学び直そうと決めて一浪の末、東京大学大学院入学
六八年三月　松岡陽一と結婚
六九年　長男出産
七一年　修士課程修了
七二年　長女出産
七三年　初めてのニューヨークへの旅
七五年　自宅を解体。弟が設計した新居へ
夫・陽一、静岡県に単身赴任
七六年九月　弟・毅他界（享年三十歳）
八一年　『有元利夫と女神たち』ゴーストライターを務める
八二年　東京医科歯科大学助教授就任
八六年　初の評論集『ドラマ仕掛けの空間』出版

東京医科歯科大学教授就任
八八年五月　父・茂他界（享年九十歳）
八九年四月　義母・ツル他界（享年八十歳）
九〇年　リスボンで開かれた国際演劇評論家協会総会に出席
家を出る前に陽一と大喧嘩
九三年　『すべての季節のシェイクスピア』（単行本）出版
秋頃、串田和美から『夏の夜の夢』翻訳のオファーを受ける
九四年一月　『間違いの喜劇』訳了
九六年一月　ちくま文庫シェイクスピア全集1『ハムレット』出版
四月　同全集2『ロミオとジュリエット』出版
このあと概ね年に一冊以上のペースでシェイクスピア全集の刊行が続く
九七年三月　東京医科歯科大学退職
九八年一月　蜷川幸雄演出「彩の国シェイクスピア・シリーズ」第一弾『ロミオとジュリエット』開幕
二〇一〇年五月　母・幸子他界（享年百一歳）
一六年五月　蜷川幸雄他界（享年八十歳）
彩の国シェイクスピア・シリーズ芸術監督は吉田鋼太郎に引き継がれる
一八年五月　陽一に癌が見つかる
一九年四月　陽一退院、自宅療養開始
八月　陽一他界（享年八十歳）
二一年五月　シェイクスピア全集最終巻『終わりよければすべてよし』出版

＊本書は書き下ろしです。

草生亜紀子（くさおい・あきこ）
国際基督教大学、米 Wartburg 大学卒業。産経新聞、The Japan Times 記者、新潮社、株式会社ほぼ日を経て独立。現在、国際人道支援 NGO で働きながら、フリーランスとして翻訳・原稿執筆を行う。著書に『理想の小学校を探して』（新潮社刊）、中川亜紀子名義で訳した絵本に『ふたりママの家で』（絵・文パトリシア・ポラッコ、サウザンブックス社刊）がある。

カバー写真撮影　井上佐由紀
＊早稲田大学演劇博物館展示「Words, words, words.
—松岡和子とシェイクスピア劇翻訳」用に撮影。

表紙　松岡和子直筆ノート

逃《に》げても、逃《に》げてもシェイクスピア
翻訳家《ほんやくか》・松岡和子《まつおかかずこ》の仕事《しごと》

著　者　草生《くさおい》亜《あ》紀《き》子《こ》

発　行　2024 年 4 月 17 日

発行者　佐藤隆信
発行所　株式会社新潮社　郵便番号 162-8711
東京都新宿区矢来町 71
電話　編集部 03-3266-5611
読者係 03-3266-5111
https://www.shinchosha.co.jp

装　幀　新潮社装幀室
印刷所　株式会社光邦
製本所　大口製本印刷株式会社

乱丁・落丁本は、ご面倒ですが小社読者係宛お送り下さい。送料小社負担にてお取替えいたします。
ISBN978-4-10-464002-7 C0095
価格はカバーに表示してあります。